Estante da Vida

FRANCISCO CÂNDIDO XAVIER

Estante da Vida

Pelo Espírito
Irmão X

Copyright © 1969 *by*
FEDERAÇÃO ESPÍRITA BRASILEIRA – FEB

10ª edição – Impressão pequenas tiragens – 3/2025

Revisado de acordo com a edição definitiva (1ª edição/1969).

ISBN 978-85-7328-601-4

Todos os direitos reservados. Nenhuma parte desta publicação pode ser reproduzida, armazenada ou transmitida, total ou parcialmente, por quaisquer métodos ou processos, sem autorização do detentor do *copyright*.

FEDERAÇÃO ESPÍRITA BRASILEIRA – FEB
SGAN 603 – Conjunto F – Avenida L2 Norte
70830-106 – Brasília (DF) – Brasil
www.febeditora.com.br
editorial@febnet.org.br
+55 61 2101 6161

Pedidos de livros à FEB
Comercial
Tel.: (61) 2101 6161 – comercial@febnet.org.br

Dados Internacionais de Catalogação na Publicação (CIP)
(Federação Espírita Brasileira – Biblioteca de Obras Raras)

I69e   Irmão X (Espírito)

          Estante da vida / pelo Espírito Irmão X; [psicografado por] Francisco Cândido Xavier. – 10. ed. – Impressão pequenas tiragens – Brasília: FEB, 2025.

          184 p.; 21 cm – (Coleção Humberto de Campos / Irmão X)

          Inclui índice geral

          ISBN 978-85-7328-601-4

          1. Espiritismo. 2. Obras psicografadas. I. Xavier, Francisco Cândido, 1910–2002. II. Federação Espírita Brasileira. III. Título. IV. Coleção.

                                               CDD 133.93
                                               CDU 133.7
                                               CDE 80.01.00

Sumário

Preito de Amor..9
1 Encontro em Hollywood........................11
2 Depoimento.......................................17
3 Diálogo e estudo................................23
4 Estudo na Parábola............................27
5 O médium espírita..............................31
6 Questão moderna...............................35
7 O anjo e o malfeitor............................39
8 O mensageiro da estrada....................43
9 A lenda do poder................................47
10 A meada..51
11 Lição viva..55
12 Documento raro...............................59
13 Perto de Deus..................................63
14 O guia...67
15 O compromisso................................71

16	O malfeitor	75
17	Nota em sessão	79
18	A lenda da criança	83
19	Jesus e Simão	87
20	Encontro singular	91
21	Materialismo e Espiritismo	95
22	Cristo e Vida	99
23	Lição numa carta	101
24	O burro manco	105
25	A cura	109
26	Pesquisas	115
27	No dia das tarefas	119
28	O poder do bem	123
29	O devoto desiludido	127
30	No correio afetivo	129
31	Sementeira e colheita	133
32	Doentes e doenças	137
33	Missiva fraterna	141
34	O anjo solitário	145
35	Sublime renovação	149
36	Parábola do Servo	153
37	A lenda da guerra	157
38	A arte de elevar-se	161
39	O conquistador invencível	165
40	Por quê, Senhor?	167
Índice geral		171

Homenageamos o primeiro aniversário
da desencarnação de ALLAN KARDEC

Irmão X
Uberaba (MG), 31 de março de 1969.

Preito de Amor

Senhor Jesus!
Em teu louvor, apóstolos de tua causa homenageiam-te, em toda a parte. E vemos, por toda a parte, os que te ofertam:
a riqueza do exemplo;
a oficina do lar;
o brilho da cultura;
o ouro da palavra;
a luz da fé viva;
as fontes da compreensão;
os sonhos da arte;
os lauréis da poesia;
as obras-primas da bondade;
os tesouros do afeto.
Perdoa, Mestre, se nada mais possuímos, a fim de honorificar-te, senão estas páginas singelas que colocamos, em teu nome, na estante da vida, páginas que, aliás, fundamentalmente, não são nossas. Constituem migalhas de tua glória, humildes reflexos de teus próprios ensinamentos que recolhemos na estrada, em que tentamos, de algum modo, admirar-te e seguir-te.

E se assim procedemos, Senhor, trazendo-te em restituição aquilo que te pertence é que nós todos — os Espíritos ainda vinculados à Terra — precisamos de ti.

IRMÃO X
Uberaba (MG), 31 de março de 1969.

~ 1 ~
Encontro em Hollywood

Caminhávamos, alguns amigos, admirando a paisagem do *Wilshire Boulevard*, em Hollywood, quando fizemos parada, ante a serenidade do *Memoriam Park Cemetery*, entre o nosso caminho e os jardins de *Glendon Avenue*.

A formosa mansão dos mortos mostrava grande movimentação de Espíritos libertos da experiência física, e entramos.

Tudo, no interior, tranquilidade e alegria.

Os túmulos simples pareciam monumentos erguidos à paz, induzindo à oração. Entre as árvores que a primavera pintara de verde novo, numerosas entidades iam e vinham, muitas delas escoradas umas nas outras, à feição de convalescentes, sustentadas por enfermeiros em pátio de hospital agradável e extenso.

Numa esquina que se alteava com o terreno, duas laranjeiras ornamentais guardavam o acesso para o interior de pequena construção que hospeda as cinzas de muitas personalidades que demandaram o Além, sob o apreço do mundo. A um canto, li a inscrição: "Marilyn Monroe

— 1926-1962". Surpreendido, perguntei a Clinton, um dos amigos que nos acompanhavam:

— Estão aqui os restos de Marilyn, a estrela do cinema, cuja história chegou até mesmo ao conhecimento de nós outros, os desencarnados de longo tempo no Mundo Espiritual?

— Sim — respondeu ele, e acentuou com expressão significativa —, não se detenha, porém, a tatear-lhe a legenda mortuária... Ela está viva e você pode encontrá-la, aqui e agora...

— Como?

O amigo indicou frondoso olmo chinês, cuja galharia compõe esmeraldino refúgio no largo recinto, e falou:

— Ei-la que descansa, decerto em visita de reconforto e reminiscência...

A poucos passos de nós, uma jovem desencarnada, mas ainda evidentemente enferma, repousava a cabeleira loura no colo de simpática senhora que a tutelava. Marilyn Monroe, pois era ela, exibia a face desfigurada e os olhos tristes. Informados de que nos seria lícito abordá-la, para alguns momentos de conversa, aproximamo-nos, respeitosos.

Clinton fez a apresentação e aduzi:

— Sou um amigo do Brasil que deseja ouvi-la.

— Um brasileiro a procurar-me, depois da morte?

— Sim, e por que não? — acrescentei — a sua experiência pessoal interessa a milhões de pessoas no mundo inteiro...

E o diálogo prosseguiu:

— Uma experiência fracassada...

— Uma lição talvez.

— Em que lhe poderia ser útil?

— A sua vida influenciou muitas vidas e estimaríamos receber ainda que fosse um pequeno recado de sua parte para aqueles que lhe admiraram os filmes e que lhe recordam no mundo a presença marcante...

— Quem gostaria de acolher um grito de dor?

— A dor instrui...

— Fui mulher como tantas outras e não tive tempo e nem disposição para cogitar de filosofia.

— Mas fale mesmo assim...

— Bem, diga então às mulheres que não se iludam a respeito de beleza e fortuna, emancipação e sucesso... Isso dá popularidade e a popularidade é um trapézio no qual raras criaturas conseguem dar espetáculos de grandeza moral, incessantemente, no circo do cotidiano.

— Admite, desse modo, que a mulher deve permanecer no lar, de maneira exclusiva?

— Não tanto. O lar é uma instituição que pertence à responsabilidade tanto da mulher quanto do homem. Quero dizer que a mulher lutou durante séculos para obter a liberdade... Agora que a possui nas nações progressistas, é necessário aprender a controlá-la. A liberdade é um bem que reclama senso de administração, como acontece ao poder, ao dinheiro, à inteligência...

Pensei alguns momentos na fama daquela jovem que se apresentara à Terra inteira, dali mesmo, em Hollywood, e ajuntei:

— *Miss* Monroe, quando se refere à liberdade da mulher, você quer mencionar a liberdade do sexo?

— Especialmente.

— Por quê?

— Concorrendo sem qualquer obstáculo ao trabalho do homem, a mulher, de modo geral, se julga com direito a qualquer tipo de experiência e, com isso, na maioria das vezes, compromete as bases da vida. Agora que regressei à Espiritualidade, compreendo que a reencarnação é uma escola com muita dificuldade de funcionar para o bem, toda vez que a mulher foge à obrigação de amar, nos filhos, a edificação moral a que é chamada.

— Deseja dizer que o sexo...

— Pode ser comparado à porta da vida terrestre, canal de renascimento e renovação, capaz de ser guiado para a luz ou para as trevas, conforme o rumo que se lhe dê.

— Ser-lhe-ia possível clarear um pouco mais este assunto?

— Não tenho expressões para falar sobre isso com o esclarecimento necessário; no entanto, proponho-me a afirmar que o sexo é uma espécie de caminho sublime para a manifestação do amor criativo, no campo das formas físicas e na esfera das obras espirituais, e, se não for respeitado por uma sensata administração dos valores de que se constitui, vem a ser naturalmente tumultuado pelas inteligências animalizadas que ainda se encontram nos níveis mais baixos da evolução.

— *Miss* Monroe — considerei, encantado, em lhe ouvindo os conceitos —, devo asseverar-lhe, não sem profunda estima por sua pessoa, que o suicídio não lhe alterou a lucidez.

— A tese do suicídio não é verdadeira como foi comentada — acentuou ela sorrindo. — Os vivos falam acerca dos mortos o que lhes vem à cabeça, sem que os mortos lhes possam dar a resposta devida, ignorando que eles mesmos, os vivos, se encontrarão, mais tarde, diante desse mesmo problema... A desencarnação me alcançou através de tremendo processo obsessivo. Em verdade, na época, me achava sob profunda depressão. Desde menina, sofri altos e baixos, em matéria de sentimento, por não saber governar a minha liberdade... Depois de noites horríveis, nas quais me sentia desvairar, por falta de orientação e de fé, ingeri, quase semi-inconsciente, os elementos mortíferos que me expulsaram do corpo, na suposição de que tomava uma simples dose de pílulas mensageiras do sono...

— Conseguiu dormir na grande transição?

— De modo algum. Quando minha governanta bateu à porta do quarto, inquieta ao ver a luz acesa, acordei às súbitas da sonolência a que me confiara, sentindo-me duas pessoas a um só tempo... Gritei apavorada, sem saber, de imediato, identificar-me, porque lograva mover-me e falar, ao lado daquela *outra forma*, a vestimenta carnal que eu largara... Infelizmente para mim, o aposento abrigava alguns malfeitores desencarnados que, mais tarde, vim a saber, me dilapidavam as energias. Acompanhei, com indescritível angústia, o que se seguiu com o meu corpo inerme; entretanto, isso faz parte de um capítulo do meu sofrimento que lhe peço permissão para não relembrar...

— Ser-lhe-á possível explicar-nos por que terá experimentado essa agudeza de percepção, justamente no instante em que a morte, de modo comum, traz anestesia e repouso?

— Efetivamente, não tive a intenção de fugir da existência, mas, no fundo, estava incursa no suicídio indireto. Malbaratara minhas forças, em nome da arte, entregara-me a excessos que me arrasaram as oportunidades de elevação... Ultimamente, fui informada por amigos daqui de que não me foi possível descansar, após a desencarnação, enquanto não me desvencilhei da influência perniciosa de Espíritos vampirizadores a cujos propósitos eu aderira, por falta de discernimento quanto às leis que regem o equilíbrio da alma.

— Compreendo que dispõe agora de valiosos conhecimentos, em torno da obsessão...

— Sim, creio hoje que a obsessão, entre as criaturas humanas, é um flagelo muito pior que o câncer. Peçamos a Deus que a Ciência no mundo se decida a estudar-lhe os problemas e resolvê-los...

A entrevistada mostrava sinais de fadiga e, pelos olhos da enfermeira que lhe guardava a cabeça no regaço amigo, percebi que não me cabia avançar.

— *Miss* Monroe — concluí —, foi um prazer para mim este encontro em Hollywood. Podemos, acaso, saber quais são, na atualidade, os seus planos para o futuro?

Ela emitiu novo sorriso, em que se misturavam a tristeza e a esperança, manteve silêncio por alguns instantes e afirmou:

— Na condição de doente, primeiro, quero melhorar-me... Em seguida, como aluna no educandário da vida, preciso repetir as lições e provas em que fali... Por agora, não devo e nem posso ter outro objetivo que não seja reencarnar, lutar, sofrer e reaprender...

Pronunciei algumas frases curtas de agradecimento e despedida e ela agitou a pequenina mão num gesto de adeus. Logo após, alinhavei estas notas, à guisa de reportagem, a fim de pensar nas bênçãos do Espiritismo evangélico e na necessidade da sua divulgação.

~ 2 ~
Depoimento

Aqui vai, meu amigo, a entrevista rápida que você solicitou ao velho jornalista desencarnado com uma suicida comum. Sabe você, quanto eu, que não existem casos absolutamente iguais. Cada um de nós é um mundo por si. Para nosso esclarecimento, porém, devo dizer-lhe que se trata de jovem senhora que, há precisamente quatorze anos, largou o corpo físico, por deliberação própria, ingerindo formicida.

Mais alguns apontamentos, já que não podemos transformar o doloroso assunto em novela de grande porte: ela se envenenou no Rio, aos 32 de idade, deixando o esposo e um filhinho em casa; não era pessoa de cultura excepcional, do ponto de vista do cérebro, mas caracterizava-se, na Terra, por nobres qualidades morais, moça tímida, honesta, operosa, de instrução regular e extremamente devotada aos deveres de esposa e mãe.

Passemos, no entanto, às suas 11 questões e vejamos as respostas que ela nos deu e que transcrevo, na íntegra:

A irmã possuía alguma fé religiosa, que lhe desse convicção na vida depois da morte?

Seguia a fé religiosa, como acontece a muita gente que acompanha os outros no jeito de crer, na mesma situação com que se atende aos caprichos da moda. Para ser sincera, não admitia fosse encontrar a vida aqui, como a vejo, tão cheia de problemas ou, talvez, mais cheia de problemas que a minha existência no mundo.

Quando sobreveio a morte do corpo, ficou inconsciente ou consciente?

Não conseguia sequer mover um dedo, mas, por motivos que ainda não sei explicar, permaneci completamente lúcida e por muito tempo.

Quais as suas primeiras impressões ao verificar-se desencarnada?

Ao lado de terríveis sofrimentos, um remorso indefinível tomou conta de mim. Ouvia os lamentos de meu marido e de meu filho pequenino, debalde gritando também, a suplicar socorro. Quando o rabecão me arrebatou o corpo imóvel, tentei ficar em casa, mas não pude. Tinha a impressão de que eu jazia amarrada ao meu próprio cadáver pelos nós de uma corda grossa. Sentia em mim, num fenômeno de repercussão que não sei definir, todos os baques do corpo no veículo em correria; atirada com ele a um compartimento do necrotério, chorava de enlouquecer. Depois de poucas horas, notei que alguém me carregava para a mesa de exame. Vi-me desnuda de chofre e tremi de vergonha. Mas a vergonha fundiu-se no terror que passei a experimentar ao ver que dois homens moços me abriam o ventre sem nenhuma cerimônia, embora o respeitoso silêncio com que se davam à pavorosa tarefa. Não sei o que me doía mais, se a dignidade feminina retalhada aos meus olhos, ou se a dor indescritível que me percorria a forma, em meu novo estado de ser, quando os golpes do instrumento cortante me rasgavam a carne. Mas o martírio não ficou nesse ponto, porque eu, que horas antes me achava no conforto de meu leito doméstico, tive de aguentar duchas de água fria nas vísceras expostas, como se eu fosse um animal dos que eu vira morrer, quando menina, no sítio de meu pai... Então, clamei ainda mais por socorro, mas ninguém me escutava, nem via...

Recorreu à prece no sofrimento?

Sim, mas orava, à maneira dos loucos desesperados, sem qualquer noção de Deus... Achava-me em franco delírio de angústia, atormentada por dores físicas e morais... Além disso, para salvar o corpo que eu mesma destruíra, a oração era um recurso de que lançava mão, muito tarde.

Encontrou amigos ou parentes desencarnados, em suas primeiras horas no Plano Espiritual?

Hoje sei que muitos deles procuravam auxiliar-me, mas inutilmente, porque a minha condição de suicida me punha em plenitude de forças físicas. As energias do corpo abandonado como que me eram devolvidas por ele e me achava tão materializada em minha forma espiritual quanto na forma terrestre. Sentia-me completamente sozinha, desamparada...

Assistiu ao seu próprio enterro?

Com o terror que o meu amigo é capaz de imaginar.

Não havia Espíritos benfeitores no cemitério?

Sim, mas não poderia vê-los. Estava mentalmente cega de dor. Senti-me sob a terra, sempre ligada ao corpo, como alguém a se debater num quarto abafado, lodoso e escuro...

Que aconteceu em seguida?

Até agora, não consigo saber quanto tempo estive na cela do sepulcro, seguindo, hora a hora, a decomposição de meus restos... Houve, porém, um instante em que a corda magnética cedeu e me vi libertada. Pus-me de pé sobre a cova. Reconhecia-me fraca, faminta, sedenta, dilacerada... Não havia tomado posse de meus próprios raciocínios, quando me vi cercada por uma turma de homens que, mais tarde, vim a saber serem obsessores cruéis. Deram-me voz de prisão. Um deles me notificou que o suicídio era falta grave, que eu seria julgada em corte de justiça e que não me restava outra saída, senão acompanhá-los ao Tribunal. Obedeci e, para logo, fui por eles encarcerada em tenebrosa furna, onde pude ouvir o choro de muitas outras vítimas. Esses malfeitores me guardaram em cativeiro e abusaram da minha condição de mulher, sem qualquer noção de respeito ou misericórdia... Somente após muito tempo de oração e remorso, obtive o socorro de Espíritos missionários, que me retiraram do cárcere, depois de enormes dificuldades, a fim de me internarem num campo de tratamento.

Por que razão decidiu matar-se?

Ciúmes de meu esposo, que passara a simpatizar com outra mulher.

Julga que a sua atitude lhe trouxe algum benefício?

Apenas complicações. Após seis anos de ausência, ferida por terríveis saudades, obtive permissão para visitar a residência que eu julgava como sendo minha casa no Rio. Tremenda surpresa!... Em nada adiantara o suplício. Meu esposo, moço ainda, necessitava de companhia e escolhera para segunda esposa a rival que eu abominava... Ele e meu filho estavam sob os cuidados da mulher que me suscitava ódio e revolta... Sofri muito em meu orgulho abatido.

Desesperei-me. Auxiliada pacientemente, contudo, por instrutores caridosos, adquiri novos princípios de compreensão e conduta... Estou aprendendo agora a converter aversão em amor. Comecei procedendo assim por devotamento ao meu filho, a quem ansiava estender as mãos, e só possuía, no lar, as mãos dela, habilitadas a me prestarem semelhante favor... Pouco a pouco, notei-lhe as qualidades nobres de caráter e coração e hoje a amo, deveras, por irmã de minha alma... Como pode observar, o suicídio me intensificou a luta íntima e me impôs, de imediato, duras obrigações.

Que aguarda para o futuro?

Tenho fome de esquecimento e de paz. Trabalho de boa vontade em meu próprio burilamento e qualquer que seja a provação que me espere, nas corrigendas que mereço, rogo à Compaixão Divina me permita nascer na Terra, outra vez, quando então conto retomar o ponto de evolução em que estacionei, para consertar as terríveis consequências do erro que cometi.

~

Aqui, meu caro, termina o curioso depoimento em que figurei na posição de seu secretário.

Sinceramente, não sei por que você deseja semelhante entrevista com tanto empenho. Se é para curar doentia ansiedade em pessoa querida, inclinada a matar-se, é possível que você alcance o objetivo almejado. Quem sabe? O amor tem força para convencer e instruir. Mas se você supõe que esta mensagem pode servir de instrumento para alguma transformação na sociedade terrena, sobre os alicerces da verdade espiritual, não estou muito certo quanto ao êxito do tentame. Digo isso, porque, se estivesse aí, no meu corpo de carne, entre o frango assado e o café quente, e se alguém me trouxesse a ler a presente documentação, sem dúvida que eu julgaria tratar-se de uma história da carochinha.

~ 3 ~
Diálogo e estudo

Teodomiro Ferreira e Cássio Teles saíam do Templo Espírita de que se haviam feito assíduos frequentadores e o diálogo entre ambos rolava, curioso. Teles, agarrado aos conceitos de Ciência pura; Ferreira, atento aos ideais religiosos.

— Então, meu velho — considerava o primeiro —, não será tempo de largar os chavões da fé? Não entendo a atitude dos Espíritos amigos, repetindo exortações de ordem moral!...

E sarcástico:

— Falam de Moisés, comentam Isaías, lembram Amós, entram pelo Novo Testamento e a história não acaba mais...

Ferreira lembrava, conciliador:

— É forçoso, porém, que você pondere quanto às exigências da alma. Que será da Terra se o coração não se elevar ao nível do cérebro?

— Não penso assim. Creio que a Ciência, só por si, clareará os caminhos da Humanidade.

— Sim, respeitemos a Ciência. Desconsiderá-la seria loucura, mas é justo convir que não se lhe pode pedir intervenções no sentimento...

— Velharias!... Definam-se as coisas e o sentimento será corrigido. E já que você encontra no sentimento a fonte de tudo...

— Cogitar de definições claras na vida é nosso dever; entretanto, a Ciência na Terra explica os fenômenos, sem abordar as origens...

— Não concordo. Devemos à Ciência tudo de grandioso e de exato que o mundo nos oferece.

— Até certo ponto, estou de acordo, mas os domínios científicos possuem os limites que lhe são próprios. Impossível desacatar a importância dos ensinamentos religiosos na sustentação da paz de espírito.

— Quem nos deu o automóvel e o avião?

— Claro que foi a Ciência, mas isso não impede que o motor seja empregado para a condução de tanques e bombardeiros utilizados para destruir...

— A Física Nuclear? Quem nos propiciou essa maravilha, destinada a patrocinar os mais altos benefícios para as civilizações do futuro?

— Sei que isso é prodígio da inteligência; contudo, não nos será lícito esquecer as vítimas das cidades que passaram pelo suplício da bomba atômica...

— Bem, você pensa assim, de outro modo penso eu... Não aprovo a pregação incessante que anda por aí...

A palestra seguia nesse tom, quando os dois se aboletaram, como de costume, num bar amigo para o cafezinho habitual.

O garçom ia e vinha, quando, à frente deles, o televisor exibiu a figura de conhecido repórter, que passou ao seguinte noticiário, lendo expressiva nota da imprensa:

> O mundo atual sofre o risco de ser destruído pela sua própria grandeza no campo da inteligência. O perigo mais insidioso,

talvez, é que numerosas conquistas científicas, realizadas com intentos de paz, possam ser empregadas, de um instante para outro, nos objetivos de guerra. As descobertas na Biologia Molecular são utilizáveis no desenvolvimento de agentes letais e aquelas que se relacionam com as drogas abrem horizontes à ofensiva psicoquímica. Sabe-se que as armas biológicas, em forma de *spray*, são de fácil confecção, com possibilidade de espalhar a peste sobre homens e animais. A chamada "febre de coelho", conduzida por uma tonelada de *spray*, através de nuvens, dirigidas pelo vento, pode anular a resistência de milhões de pessoas. Um homem só, carregando pequena maleta de "vírus", é capaz de contaminar as reservas de água endereçada à manutenção de grande cidade, conturbando-lhe a vida. Está demonstrado ainda que, com recursos microbianos, é possível, em pouco tempo, enlouquecer populações maciças. Uma tonelada de ácido lisérgico distribuída entre os habitantes de qualquer grande metrópole, através de canais alimentares, poderá torná-los esquizofrênicos durante o tempo que isso venha a interessar ao inimigo. Químicos ilustres já asseveram que o mundo de hoje dispõe de venenos tão poderosos que bastarão alguns quilos deles para estabelecer a perturbação mental de nações inteiras. Fala-se agora que não é impossível operar ruturas na camada de ozônio que circunda a Terra, de modo a queimar lentamente as criaturas domiciliadas nas regiões que ficarem desprotegidas contra os raios solares infravermelhos. Além de tudo, comenta-se a possibilidade da criação de bombas nucleares semoventes, aptas a caminharem com os implementos próprios e que serão detidas tão só pela expansão de um artefato atômico. Esses engenhos sinistros transportariam a sua própria carga e, se colocados no rumo de determinadas zonas inimigas, reclamariam a utilização de um foguete interceptador, significando autodestruição para qualquer grupo alinhado em defensiva...

O comentário deu lugar a programa diferente e Ferreira falou para o companheiro impressionado:

— Viu e ouviu com exatidão? A Ciência é luz no cérebro, mas, só por si, não resolve os problemas da Humanidade. Que diz você de tão inquietantes perspectivas?

— É... é... — gaguejou Teles, evidentemente desapontado.

Toda a resposta dele, porém, não passou disso.

~ 4 ~
Estudo na Parábola

Comentávamos a necessidade da divulgação da Doutrina Espírita, quando o rabi Zoar ben Ozias, distinto orientador israelita, hoje consagrado às verdades do Evangelho no Mundo Espiritual, pediu licença a fim de parafrasear a Parábola dos Talentos, contada por Jesus, e falou, simples:

— Meus amigos, o Senhor da Terra, partindo, em caráter temporário, para fora do mundo, chamou três dos seus servos e, considerando a capacidade de cada um, confiou-lhes alguns dos seus próprios bens, a título de empréstimo, participando-lhes que os reencontraria, mais tarde, na Vida Superior...

Ao primeiro transmitiu o Dinheiro, o Poder, o Conforto, a Habilidade e o Prestígio; ao segundo concedeu a Inteligência e a Autoridade, e ao terceiro entregou o Conhecimento Espírita.

Depois de longo tempo, os três servidores, assustados e vacilantes, compareceram diante do Senhor para as contas necessárias.

O primeiro avançou e disse:

— Senhor, cometi muitos disparates e não consegui realizar-te a vontade, que determina o bem para todos os teus súditos, mas, com os cinco talentos que me puseste nas mãos, comecei a cultivar, pelo menos com pequeninos resultados, outros cinco, que são o Trabalho, o Progresso, a Amizade, a Esperança e a Gratidão, em alguns dos companheiros que ficaram no mundo... Perdoa-me, ó Divino Amigo, se não pude fazer mais!...

O Senhor respondeu tranquilo:

— Bem está, servo fiel, pois não erraste por intenção... Volta ao campo terrestre e reinicia a obra interrompida, renascendo sob o amparo das afeições que ajuntaste.

Veio o segundo e alegou:

— Senhor, digna-te desculpar-me a incapacidade... Não te pude compreender claramente os desígnios que preceituam a felicidade igual para todas as criaturas e perpetrei lastimáveis enganos... Ainda assim, mobilizei os dois valores que me deste e, com eles, angariei outros dois, que são a Cultura e a Experiência, para muitos dos irmãos que permanecem na retaguarda...

O Excelso Benfeitor replicou, satisfeito:

— Bem está, servo fiel, pois não erraste por intenção... Volta ao campo terrestre e reinicia a obra interrompida, renascendo sob o amparo das afeições que ajuntaste.

O terceiro adiantou-se e explicou:

— Senhor, devolvo-te o Conhecimento Espírita, intocado e puro, qual o recebi de tua munificência... O Conhecimento Espírita é Luz, Senhor, e, com ele, aprendi que a tua Lei é dura demais, atribuindo a cada um conforme as próprias obras. De que modo usar uma lâmpada assim, brilhante e viva, se os homens na Terra estão divididos por pesadelos de inveja e ciúme, crueldade e ilusão? Como empregar o clarão de tua Verdade sem ferir ou incomodar? E como incomodar ou ferir, sem trazer deploráveis consequências para mim próprio? Sabes que a Verdade, entre os homens, cria problemas onde aparece... Em vista disso, tive medo de tua Lei e julguei como sendo a medida mais razoável para mim o acomodar-me com o sossego de minha casa... Assim pensando, ocultei o dom que me recomendaste aplicar e restituo-te semelhante riqueza, sem o mínimo toque de minha parte!...

O Sublime Credor, porém, entre austero e triste, ordenou que o tesouro do Conhecimento Espírita lhe fosse arrancado e entregue, de imediato, aos dois colaboradores diligentes que se encaminhariam para a Terra, de novo, declarando, incisivo:

— Servo infiel, não existe para a tua negligência outra alternativa senão a de recomeçares toda a tua obra pelos mais obscuros entraves do princípio...

— Senhor!... Senhor!... — chorou o servo displicente. — Onde a tua equidade? Deste aos meus companheiros o Dinheiro, o Poder, o Conforto, a Habilidade, o Prestígio, a Inteligência e a Autoridade, e a mim concedeste tão só o Conhecimento Espírita... Como fazes cair sobre mim todo o peso de tua severidade?

O Senhor, entretanto, explicou, brandamente:

— Não desconheces que te atribuí a luz da Verdade como sendo o bem maior de todos. Se ambos os teus companheiros não acertaram em tudo, é que lhes faltava o discernimento que lhes podias ter ministrado, através do exemplo, de que fugiste por medo da responsabilidade de corrigir amando e trabalhar instruindo... Escondendo a riqueza que te emprestei, não só te perdeste pelo temor de sofrer e auxiliar, como também prejudicaste a obra deficitária de teus irmãos, cujos dias no mundo teriam alcançado maior rendimento no Bem Eterno, se houvessem recebido o quinhão de amor e serviço, humildade e paciência que lhes negaste!...

— Senhor!... Senhor!... por quê? — soluçou o infeliz — por que tamanho rigor, se a tua Lei é de Misericórdia e Justiça?

Então, os assessores do Senhor conduziram o servo desleal para as sombras do recomeço, esclarecendo a ele que a Lei, realmente, é disciplina de Misericórdia e Justiça, mas com uma diferença: para os ignorantes do dever, a Justiça chega pelo alvará da Misericórdia; mas para as criaturas conscientes das próprias obrigações, a Misericórdia chega pelo cárcere da Justiça.

～ 5 ～
O médium espírita

Quando o médium espírita apareceu na assembleia doutrinária, sinceramente decidido à tarefa que lhe fora designada, abraçou o serviço com ardor; no entanto, das pequenas multidões que o acompanhavam saíram vozes: "é por demais verde, não tem experiência". O seareiro do Bem assumiu ares de adulto e adotou costumes austeros, mas o público observou: "é um velho prematuro, sem a chama do ideal". Ele renovou a própria atitude e mostrou-se entusiasta, mas ouviu novo conceito: "é um temperamento perigoso, entregue à chocarrice". Procurou então adicionar veemência ao otimismo e os circunstantes fizeram coro: "é explosivo, dado à violência". O servidor arrefeceu os impulsos e começou a usar textos esclarecedores para fundamentar as próprias asserções, lendo pareceres de autoridades, e escutou novo apontamento: "é um burro que não sabe falar, senão recorrendo a notas alheias". Abandonou, daí em diante, o sistema de citações e passou a dar somente respostas rápidas sobre os problemas que lhe vinham à esfera de ação, e exclamaram para logo:

"é um preguiçoso, sem qualquer atenção para o estudo". Nessa altura, o obreiro da Espiritualidade julgou mais razoável servir à Causa da Luz, no próprio lar; contudo, ouviu: "é um covarde, não enfrenta responsabilidades diante do povo". O médium regressou às atividades públicas e entrou a colaborar na sementeira do conhecimento superior, onde fosse chamado, e surgiu outra sentença: "é um manequim da vaidade, manobrado por agentes das trevas". O atormentado trabalhador procurou evitar discussões e escolheu atitude de reserva, falando apenas em torno das questões mais simples da edificação espiritual, e comentou-se: "é mole demais, sem qualquer fibra moral para os testemunhos de fé". Registrando isso, esposou o regime da mente arejada com o verbo franco, e anotaram, de imediato: "é um obsidiado, entregue à mistificação". Tentou acomodar-se, fazendo unicamente aquilo que considerava como sendo o seu próprio dever, e clamaram: "é vagabundo, nada quer com o trabalho". Ele tornou a inflamar-se de boa vontade, oferecendo o máximo das próprias forças à construção da Espiritualidade Maior, e acusaram: "é revolucionário, deve ser vigiado"...

Aflito, o medianeiro procurou o mentor espiritual que lhe propiciava amparo constante, e chorou:

— Ah! benfeitor meu, que faço se não satisfaço?

— De quem recebeste a tarefa do Bem? — perguntou o amigo. — Do Senhor ou dos homens?

— Do Senhor — soluçou o médium.

— Então — replicou o abnegado companheiro —, levarei tua indagação ao Senhor e amanhã trarei a resposta.

No dia seguinte, ao amanhecer, quando o servidor orava, rogando força e inspiração, surgiu-lhe à frente o instrutor espiritual e falou, sereno:

— O Senhor mandou dizer-te que, em te nomeando para colaborar na Obra de Redenção, assim o fez porque confiava em teu amor para com os irmãos da família humana, e que, por isso mesmo, não te solicitou o inventário das críticas que porventura te fossem feitas, e sim te recomendou tão somente servir e trabalhar.

Nesse instante, o primeiro clarão diurno varou, de chofre, a vidraça. O medianeiro, de alma subitamente bafejada por nova compreensão, mirou o fio de luz que vencera as trevas para aquecê-lo em silêncio... Em seguida, pensou e pensou, pouco a pouco invadido de estranho júbilo... Desde então, o médium espírita olvidou a si mesmo e aprendeu com o raio de sol que a sua força vinha do Senhor e que a sua felicidade se resumia em servir e servir, trabalhar e trabalhar.

~ 6 ~
Questão moderna

Os quatro mensageiros da Esfera Superior, antes da vinda à Terra em missão educadora e reconfortativa, ouviram claramente as palavras do sábio orientador que os dirigia:
— Filhos, guardareis em tudo e com todos a nobreza de nossos princípios.
"Onde estiverdes, habilitai-vos a falar com segurança e a estender mãos limpas, a fim de ajudar.
"Defendei a simplicidade e a pureza da doutrina renovadora de que sois emissários. Não a maculeis com inovações que se lhe façam incompatíveis com a essência de luz! Não mistureis o joio com o trigo, nem a mentira com a verdade...
"Em todas as circunstâncias, recordai que sois enviados a servir!...".
A diminuta caravana partiu de luminoso caminho no rumo da Terra e, em ponto determinado, os quatro componentes se separaram com a promessa de reencontro, no mesmo sítio, vinte meses depois.

Findo esse tempo, ei-los de retorno para o entendimento afetivo.

Vinham, no entanto, fatigados, desiludidos...

O primeiro falou:

— Estou cansado de lutar. A comunidade a que me coube prestar concurso é constituída por classes que se tiranizam entre si. O orgulho arrasa-lhes a força moral e os preconceitos de raça consomem-lhes as melhores aspirações de fraternidade. Nada pude fazer. Sem dúvida, acreditam no Cristo e reverenciam-lhe o Evangelho; contudo, em vista do que exponho, não creio possam receber a nossa cooperação e guardar nobreza de princípios.

Disse o segundo:

— Onde estive, encontrei somente a paixão pela fortuna terrestre. As criaturas aceitam a Doutrina Cristã e falam nela, respeitosamente, uma vez por semana; entretanto, imobilizam a mente em questões de dinheiro... Trabalham, sofrem e desencarnam quase que unicamente por isso... Volto desalentado porque não admito consigam, assim, amar a Deus e a Humanidade, levantando mãos limpas...

Explicou-se o terceiro:

— Vi apenas religiosos fanáticos por onde passei. Vaidosos das letras que entesouraram, acreditam nas Divinas Escrituras, mas formam grupos de intolerância entre si e combatem qualquer pessoa que não interprete os ensinamentos do Senhor à maneira deles... Desisti de ajudá-los, uma vez que não os suponho capazes de mostrar coração humilde e simples na Obra do Mestre!...

Por fim, queixou-se o último:

— Não trago também outra coisa que não seja amargura e desencanto. Nas regiões que visitei, pude tomar contato com milhares de irmãos que veneram Jesus, mas em meio a entidades menos evoluídas, cuja visão não vai além de vantagens e gratificações da existência material. Essas pessoas, segundo deduzi, não aspiram a outra atividade espiritual que não seja o intercâmbio mediúnico em bases de interesse rasteiro e misticismo primitivista. Não compreendo como conseguiriam aceitar-nos a colaboração, sem fazer inovações desaconselháveis, na seara do Cristo de Deus.

Mesclando lamentação e censura, entraram em prece, apelando para o discernimento do mentor que os despachara, e, depois de alguns minutos, o experiente amigo se fez visível, considerando, após ouvi-los:

— Meus filhos, viestes cooperar no trabalho urgente do Evangelho ou sois partes do problema de Jesus? Devemos guardar nobreza de princípios, movimentar mãos limpas, conservar simplicidade e evitar inconveniências na construção do Reino do Senhor, mas, sem dúvida, instruindo os nossos companheiros da Humanidade para que façam o mesmo, através de paciência, esforço, boa palavra e exemplo edificante. Que dizer do médico decidido a fugir do enfermo que lhe espera os cuidados, sob a desculpa de que o irmão necessitado é portador de doença? Saberemos nós algo de útil sem que alguém nos haja ensinado? A evangelização é empresa de amor. Como reclamar virtudes alheias sem ajudar a levantá-las? Onde nos será possível encontrar aperfeiçoamento e renovação sem que nos disponhamos a servir? E não será para servir melhor que o Senhor nos auxilia e nos induz a melhor conhecer? Retomemos as nossas obrigações e sejamos fiéis!...

Calou-se o orientador e, percebendo que ele se aprestava a partir de regresso à Espiritualidade Maior, um dos tarefeiros inquiriu, aflitivamente:

— Generoso amigo, uma palavra a mais!... Sintetizai para nós alguma derradeira advertência que nos possa manter o raciocínio claro na ação justa!... Socorrei-nos!... Deixai-nos um conselho, uma frase que nos sirva de luz na hora da indecisão!...

O mentor fixou, de maneira expressiva, a reduzida assembleia e concluiu:

— Ah! meus filhos!... meus filhos!... Somos chamados a desenvolver a sementeira e a colheita do Evangelho, onde a sementeira e a colheita do Evangelho se encontrem!... Em verdade, pouco podeis contra a escuridão do materialismo, quando a escuridão do materialismo animaliza as criaturas... Estejamos, porém, convencidos de que, onde esse ou aquele grupo humano demonstre sinceridade e boa consciência, qualquer serviço por Jesus e em nome de Jesus será sempre melhor do que nada.

~ 7 ~
O anjo e o malfeitor

O mensageiro do Céu volveu do Alto a sombrio vale do mundo, em apoio de centenas de criaturas mergulhadas na enfermidade e no crime, na miséria e na ignorância, e, necessitando de concurso alheio para estender socorro urgente, começou por recorrer à publicação de apelos do próprio Evangelho, induzindo corações, em nome do Cristo, à compaixão e à caridade.

Entretanto, porque tardasse qualquer resultado concreto, uma vez que todos os habitantes do vale se comoviam com as legendas, mas não se encorajavam à menor manifestação de amparo ao próximo, o enviado celestial, convicto de que fora recomendado pelo Senhor a servir e não a questionar, julgou mais acertado assumir a forma de um homem e solicitar sem delongas o apoio de alguém que lhe pudesse prestar auxílio.

Materializado a preceito, procurou pela colaboração dos homens considerados mais responsáveis.

Humilde e resoluto, repetia sempre o mesmo convite à prática evangélica, registrando respostas que o surpreendiam pela diferença.

O Virtuoso – Não posso manchar meu nome em contato com os viciosos e transviados.

O Sábio – Cada qual está na colheita daquilo que semeou. Falta-me tempo para ajudar vagabundos, voluntariamente distanciados da própria restauração.

O Prudente – Não posso arriscar minha posição dificilmente conquistada, na intimidade de pessoas que me prejudicariam a estima pública.

O Filantropo – Dou o dinheiro que seja necessário, mas de modo algum me animaria a lavar feridas de quem quer que seja.

O Pregador – Que diriam de mim se me vissem na companhia de criminosos?

O Filósofo – Nunca desceria a semelhante infantilidade... Aspiro a alcançar as mais altas revelações do Universo. Devo estudar infinitamente... Além disso, estou cansado de saber que, se não houvesse sofrimento, ninguém se livraria do mal...

O Pesquisador da Verdade – Não sou a pessoa indicada. Caridade é capa de muitas dobras, que tanto acolhe o altruísmo quanto a fraude. Não me incomode... Procuro tão somente as realidades essenciais.

Desencantado, o mensageiro bateu à porta de conhecido malfeitor, aliás, a pessoa menos categorizada para a tarefa, e reformulou a solicitação.

O convidado, embora os desajustes íntimos, considerou, de imediato, a honra que o Senhor lhe fazia, propiciando-lhe o ensejo de operar no levantamento do bem geral, e meditou, agradecido, na Infinita Bondade que o arrancava da condenação para o favor do serviço. Não vacilou. Seguiu aquele desconhecido de maneiras fraternais que lhe pedia cooperação e entregou-se decididamente ao trabalho. Em pouco tempo, conheceu a fundo o martírio das mães desamparadas, entre a doença e a penúria, carregando órfãos de pais vivos; o pranto das viúvas relegadas à solidão; as aflições dos enfermos que esperavam a morte nas áreas de ninguém; a tragédia das crianças abandonadas; o suplício dos caluniados sem defesa; os problemas terríveis dos obsidiados sem assistência; a mágoa das vítimas dos preconceitos levados ao exagero pelo orgulho social; a angústia dos sofredores caídos em desespero pela ausência de fé...

Modificado nos mais profundos sentimentos, o ex-malfeitor consagrou-se ao alívio e à felicidade dos outros, e, percebendo necessidades e provações que não conhecia, procurou instruir-se e aperfeiçoar-se. Com quarenta anos de abnegação, adquiriu as qualidades básicas do Virtuoso, os recursos primordiais do Sábio, o equilíbrio do Prudente, as facilidades econômicas do Filantropo, a competência do Pregador, a acuidade mental do Filósofo e os altos pensamentos do Pesquisador da Verdade...

Quando largou o corpo físico, pela desencarnação — Espírito lucificado no cadinho da própria regeneração, ao calor do devotamento ao próximo —, entrou vitoriosamente no Céu, para a ascensão a outros Céus...

~

Um dia, chegaram ao limiar da Esfera Superior o Virtuoso, o Sábio, o Prudente, o Filantropo, o Pregador, o Filósofo e o Pesquisador da Verdade... Examinados na Justiça Divina, foram considerados dignos perante as Leis do Senhor; entretanto, para o mérito de seguirem adiante, luzes acima, faltava-lhes trabalhar na seara do amor aos semelhantes... Enquanto na Terra, não haviam desentranhado os tesouros que Deus lhes havia conferido em benefício dos outros. Cabia-lhes, assim, o dever de regressar às lides da reencarnação, mas, porque haviam abraçado conduta respeitável no mundo, o Virtuoso receberia, na existência vindoura, mais veneração, o Sábio mais apreço, o Prudente mais serenidade, o Filantropo mais dinheiro, o Pregador mais inspiração, o Filósofo mais discernimento e o Pesquisador da Verdade mais luz...

Observando, porém, que o malfeitor, sobejamente conhecido deles todos, vestia alva túnica resplendente, funcionando entre os agentes da Divina Justiça, começaram a discutir entre si, incapazes de reconhecer que na obra do amor qualquer filho de Deus encontra os instrumentos e caminhos da própria renovação. Desalentados, passaram a reclamar... Em nome dos companheiros, o Virtuoso aproximou-se do orientador maior que lhes revisava os interesses no Plano Espiritual e indagou:

— Venerável juiz, por que motivo um malfeitor atravessou antes de nós as fronteiras do Céu?!...

O magistrado, porém, abençoou-lhe a inquietação com um sorriso e informou, simplesmente:

— Serviu.

~ 8 ~
O mensageiro da estrada

Mediunidade a serviço dos semelhantes!
Diz você que isso custa caro, e fala em renúncia e problemas pessoais. Mas esquecer-se-á você dos benefícios que os dotes medianímicos trazem a todos aqueles que os mobilizam na extensão das boas obras? Olvidará quantas vezes a empresa do bem lhe arrebatou o coração às garras do mal? Pense nisso, meu caro missivista, e não atire fora as suas vantagens que superam de muito os obstáculos que, porventura, lhe estorvem a vida.
A esse respeito, conto a você, em versão nova, uma lenda antiga que corre o mundo cristão, desde longo tempo.

~

Certo homem, que reencarnara a fim de educar-se em duras provas, quais sejam enfermidades, abandono e solidão, montou a choupana que lhe serviria de casa à beira de estrada deserta e poeirenta, a cavaleiro de fundo vale, onde uma fonte permanente mantinha no chão seco larga faixa de verdura.

Viajores iam e vinham e, fossem eles ocupantes de carruagens, ou simplesmente pobres romeiros a pé, ei-los que paravam junto ao casebre, contentes e agradecidos por encontrarem, ali, com o homem solitário, uma bênção muito rara na região: a água pura.

O ermitão, em demonstrações de bondade incessante, várias vezes, diariamente, descia a encosta agressiva até o manancial e enchia o cântaro, regressando vereda acima, tão só no intuito de oferecer água cristalina aos viajantes diversos.

Na faina de auxiliar, entrou em contato com um Espírito angélico a quem o Senhor incumbira de velar por todos os que transitassem pela extensa rodovia, e o eremita, profundamente emocionado e feliz, passou a chamar-lhe "Anjo da Estrada".

Estabeleceu-se para logo, entre os dois, suave convívio. Nenhum dos passantes lhe via o celestial companheiro; entretanto, para o solitário, aquele benfeitor espiritual se transformara em presença sublime. Se cansado, eis que o anjo lhe restaurava as energias; se doente, recebia dele o remédio salutar; se triste, recolhia-lhe as exortações confortativas e, quando em dúvida sobre doenças e dificuldades naturais do cotidiano, tomava-lhe as sugestões tocadas de amor. O amigo do Céu descia com ele até a fonte, tantas vezes quantas fossem necessárias, ajudava-o a transportar o grande vaso cheio, narrava-lhe histórias das Mansões Divinas, recobria-lhe a alma de tranquilidade e júbilo sereno.

O tempo rolou e trinta anos dobraram sobre aquela amizade entre duas criaturas domiciliadas em mundos diferentes.

A estrada era sempre uma estalagem da Natureza, albergando viajores que se renovavam constantemente, mas o ermitão, conquanto satisfeito, mostrava agora a cabeleira branca e os ombros caídos.

Certa feita, um homem prático, de passagem pelo lugar, em lhe enxergando a cabeça vergada ao peso do cântaro bojudo, observou-lhe, conselheiral:

— Amigo, por que um sacrifício assim tão grande? Não seria melhor e mais justo transferir a casa para a fonte, ao invés de buscar a fonte para casa?

O doador de água estremeceu de alegria. Como não pensara nisso antes? Da ideia à realização mediaram poucos dias... No entanto, em carregando o velho material da velha choça para a reentrância do vale, ei-lo que vê o amigo angélico em lágrimas copiosas...

— Anjo bom, por que choras?

E a resposta veio célere:

— Pois, então, não percebes? Concedeu-me o Senhor a tarefa de proteger as vidas de quantos se arriscam na estrada... Enquanto lá te achavas, oferecendo água límpida aos que viajam com sede, tinha eu a permissão de trocar contigo as bênçãos da amizade. Mas agora... Se preferes o menor esforço, é forçoso que eu me resigne a distância de ti, esperando que alguém se decida a cooperar comigo, junto dos viajores que me cabe amparar na condição de zelador do caminho!...

O eremita não hesitou. Suspendeu a mudança, tornou ao lugar primitivo, retomou a sua venturosa paz de espírito ao pé da multidão anônima a que prestava serviço, e preferiu trabalhar e ser feliz, em companhia do mensageiro celeste, com quem partiu para o Mais-Além no dia em que lhe surgiu a morte do corpo.

~

Como é fácil de ajuizar e de ver, meu caro amigo, abençoe a sua possibilidade de dessedentar os peregrinos da romagem terrestre com as águas puras de fé viva, esclarecimento, pacificação e consolo, sem se fixar nos eventuais sacrifícios que isso lhe custe. Você compreenderá, um dia, que vale muito mais livrar-se alguém de aflições e tentações, junto dos Espíritos benevolentes e amigos, que viver à conta de nossas próprias imperfeições das existências passadas, e que é muito melhor desencarnar sofrendo, mas servindo ao próximo, em favor da própria libertação espiritual, que ter de acompanhar o desgaste repelente do corpo, pouco a pouco, em facilidade e descanso, para afundar, de novo, no momento da morte, na corrente profunda de nossas paixões e desequilíbrios.

~ 9 ~
A lenda do poder

A assembleia familiar comentava a difícil situação dos Espíritos revoltados que se habituam ao azedume crônico por vasta fieira de encarnações sucessivas, quando João de Kotchana, experimentado instrutor de cristãos desencarnados, nas regiões da Bulgária, contou-nos, entre sensato e otimista:

— Temos nós antiga lenda que adaptarei ao nosso assunto para a devida meditação... Dizem que Deus, quando começou a repartir os dons da vida, entre os primeiros homens dos primeiros grandes agrupamentos humanos constituídos na Terra, decretou fosse concedido aos Bons o Poder Soberano.

Informados de que o Supremo Senhor estava fazendo concessões, os Corajosos acudiram apressados à Divina Presença, solicitando o quinhão que lhes seria adjudicado.

— Que desejais, filhos meus? — indagou o Eterno.

— Senhor, queremos o Poder Soberano.

— Essa atribuição — explicou o Todo-Misericordioso — já concedi aos Bons; eles unicamente conseguirão governar o reino dos corações, o território vivo do espírito, onde se exerce o poder verdadeiro.

— Ah! Senhor, e nós? Que será de nós, os que dispomos de suficiente ousadia para comandar os distritos da existência e transformá-los?

— Não posso revogar uma ordem que expedi — observou o Onipotente —; entretanto, se não vos posso confiar o poder soberano, concedo-vos um encargo dos mais importantes, a autoridade. Ide em paz.

Espalhou-se a notícia e vieram os Intelectuais ao Trono Excelso.

O Todo-Poderoso inquiriu quanto ao propósito dos visitantes e a resposta não se fez esperar:

— Senhor, aspiramos à posse do Poder Soberano.

— Impossível. Essa prerrogativa foi concedida aos Bons. Só eles lograrão renovar as outras criaturas em meu nome.

E porque os Intelectuais perguntassem respeitosamente com que recurso lhes seria lícito operar, Deus entregou-lhes o domínio da Ciência.

Veio, então, a vez dos Habilidosos. Com vasta representação, surgiram diante do Pai e, como fossem questionados quanto ao que pretendiam, responderam veementemente:

— Senhor, suplicamos para nós o Poder Soberano.

O Todo-Bondoso relacionou a impossibilidade de atender, mas deu-lhes o engenho.

Depois, acorreram os Imaginosos ao Sagrado Recinto e esclareceram que contavam para eles com a mesma cobiçada atribuição.

O Todo-Amoroso respondeu pela negativa afetuosa; no entanto, brindou-os com a luz da Arte.

Logo após, os Devotados chegaram ao Augusto Cenáculo e rogaram igualmente se lhes conferisse a faculdade do mando, e recolheram a mesma recusa, em termos de extremado carinho; contudo, o Todo-Misericordioso outorgou-lhes o talento bendito do Trabalho.

Em seguida, os Revoltados, que não procuravam senão defeitos e problemas transitórios na obra da Vida — os problemas e defeitos que Deus sanaria com o apoio do Tempo, de modo a não ferir os interesses dos filhos mais ignorantes e mais fracos —, compareceram perante o Supremo Doador de todas as bênçãos e, em vista de se mostrarem com agressiva atitude, a voz do Pai se fez mais doce ao perguntar-lhes:

— Que desejais, filhos meus?

Os Revoltados retrucaram duramente:

— Senhor, exigimos para nós o Poder Soberano.

— Isso pertence aos Bons — disse o Todo-Sábio —, pois somente aqueles que dispõem de suficiente abnegação para esquecer os agravos que se lhes façam, prosseguindo infatigáveis no cultivo do bem aos semelhantes, guardarão consigo o poder de governar os corações... No entanto, meus filhos, tenho outros dons para conceder-vos...

Antes, porém, que o Supremo Senhor terminasse, os ouvintes gritaram intempestivamente:

— Não aceitamos outra coisa que não seja o Poder Soberano. Queremos dominar, dominar... Fora do poder, o resto é miséria...

O Onipotente fitou cada um dos circunstantes, tomado de compaixão, e declarou, sem alterar-se:

— Então, meus filhos, em todo o tempo que estiverdes na condição de revoltados, tereis convosco a miséria...

E, desde essa ocasião, rematou Kotchana, todo Espírito, enquanto rebelado, não tem para si mesmo senão o azedume da queixa e a penúria do coração.

~

Ouvi a lenda, retiro o ensinamento que me toca e ofereço a peça aos companheiros reencarnados na Terra, que porventura sejam ainda inutilmente revoltados quanto tenho sido e já não quero mais ser.

~ 10 ~
A meada

 A conversação entre as duas jovens senhoras se desenvolvia no ônibus.
 — Você não pode imaginar o meu amor por ele...
 — Não posso concordar com você.
 — Decerto que não me entende.
 — Mas, Dulce, você chega a querer o Dionísio, tanto quanto ao marido?
 — Não tanto, mas não consigo passar sem os dois.
 — Meu Deus! Isso é coisa de casal sem filhos!...
 — É possível...
 — Você não acha isso estranho, inadmissível?
 — Acho natural.
 — Noto você demasiadamente apegada, não é justo...
 — Sei que você não me compreende...
 — Simplesmente não concordo.
 — Mas Dionísio...
 — Isso é uma psicose...

Dona Dulce e a amiga, no entanto, ignoravam que dona Lequinha, vizinha de ambas, sentara-se perto e estava de ouvido atento, sem perder palavra.

De parada em parada, cada uma volveu ao lar suburbano, mas dona Lequinha, ao chegar em casa, começou a fantasiar... Bem que notara dona Dulce acompanhada por um moço ao tomar o elétrico, aliás, pessoa de cativante presença. Recordava-lhe as palavras derradeiras: "vá tranquila, amanhã telefonarei...".

Cabeça quente, vasculhando novidades no ar, aguardou o esposo, colega de serviço do marido de dona Dulce, e tão logo à mesa, a sós com ele para o jantar, surgiu novo diálogo:

— Você não imagina o que vi hoje...

— Diga, mulher...

— Dona Dulce, calcule você!... Dona Dulce, que sempre nos pareceu uma santa, está de aventuras...

— O quê?!...

— Vi com meus olhos... Um rapagão a seguia mostrando gestos de apaixonado e, por fim, no ônibus, ela própria se confessou a dona Cecília... Chegou a dizer que não consegue viver sem o marido e sem o outro... Uma calamidade!...

— Ah! mas isso não fica assim, não! Júlio é meu colega e Júlio vai saber!...

A conversa transitou através de comentários escusos e, no dia imediato, pela manhã, na oficina, Júlio ouve do amigo o desabafo em tom sigiloso:

— Júlio, você me entende... somos companheiros e não posso enganá-lo... O que vou dizer representa um sacrifício para mim, mas falo para seu bem... Seu nome é limpo demais para ser desrespeitado, como estou vendo... Não posso ficar calado por mais tempo... Sua mulher...

E o esposo escutou a denúncia, longamente cochichada, qual se lhe enterrassem afiada lâmina no peito.

Agradeceu, pálido...

Em seguida, pediu licença ao chefe para ir a casa, alegando um pretexto qualquer. No fundo, porém, ansiava por um entendimento com a esposa, aconselhá-la, saber o que havia de certo.

Deixou o serviço, no rumo do lar e, aí chegando, penetrou a sala, agoniado...

Estacou, de improviso.

A companheira falava, despreocupadamente, ao telefone, no quarto de dormir: "Ah! sim!...", "Não há problema", "Hoje mesmo", "Às três horas...", "Meu marido não pode saber...".

Júlio retrocedeu, à maneira de cão espantado. Sob enorme excitação, tornou à rua. Logo após, notificou na oficina que se achava doente e pretendia medicar-se. Retornou a casa e tentou o almoço, em companhia da mulher que, em vão, procurou fazê-lo sorrir.

Acabrunhado, voltou a perambular pelas vias públicas e, poucos minutos depois das três da tarde, entrou sutilmente no lar... Aflito, mentalmente descontrolado, entreabriu devagarinho a porta do quarto e viu, agora positivamente aterrado, um rapaz em mangas de camisa, a inclinar-se sobre o seu próprio leito. De imaginação envenenada, concebeu a pior interpretação...

O pobre operário recuou em delírio e, à noite, foi encontrado morto num pequeno galpão dos fundos. Enforcara-se em desespero...

Só então, ao choro de dona Dulce, o mexerico foi destrinçado. Dionísio era apenas o belo gatinho angorá que a desolada senhora criava com estimação imensa; o moço que a seguira até o ônibus era o veterinário, a cujos cuidados profissionais confiara ela o animal doente; o telefonema era baseado na encomenda que dona Dulce fizera de um colchão de molas, ao gosto moderno, para uma afetuosa surpresa ao marido, e o rapaz que se achava no aposento íntimo do casal era, nem mais nem menos, o empregado da casa de móveis que viera ajustar o colchão referido ao leito de grandes proporções.

A tragédia, porém, estava consumada e dona Lequinha, diante do suicida exposto à visitação, comentou, baixinho, para a amiga de lado:

— Que homem precipitado!... Morrer por uma bobagem! A gente fala certas coisas só por falar!...

~ 11 ~
Lição viva

A caminho do aeroporto, Aristeu Soares comentava com o amigo Alcides Mota os ensinamentos recolhidos na reunião mediúnica da véspera, e estabeleceu-se, de pronto, curioso diálogo.

— Creio absolutamente inoportuna qualquer pregação tendente a ferir-nos a independência — falava Soares, decidido.

— Mas... — volvia Mota, reticencioso.

— O assunto não comporta evasivas. Os Espíritos amigos que se comuniquem, que consolem, que instruam; no entanto, nada de fabricarem freios psicológicos, copiando as religiões do passado.

— Mas estamos no estágio da reencarnação, à maneira de alunos na escola. Não sabemos tudo e nem dispensamos o auxílio de professores que nos apontem o caminho certo, para que venhamos a errar o menos possível...

— Ninguém aprende sem experimentar a lição por si próprio.

— A função do ensino será, decerto, conduzir-nos à experiência sem quedas desnecessárias.

— Você está procurando subterfúgios.
— Não, meu caro. Compreendamos que os bons Espíritos nos ajudam sem coação. A Lei de Deus nos conclama a viver hoje de modo mais elevado que antes. Você, claro, não quererá repetir as mesmas faltas de passadas reencarnações...
— Isso é outra coisa. O ensinamento é luz para o íntimo. Concordo em que os benfeitores espirituais nos eduquem os sentimentos; entretanto, a meu ver, não é justo que se aproveitem do intercâmbio conosco para nos arredarem da regalia de proceder como quisermos... Serão bons amigos, sem dúvida; contudo, na maioria das vezes, fazem-se doces e afáveis para induzir-nos a uma posição de disciplina que não aprovo. Nada de exposições acerca de penas e lágrimas Além-Túmulo e de apelos constrangedores a essa ou àquela atitude, ante os princípios de causa e efeito, quais se devêssemos desempenhar o papel de crianças assombradas...
— Soares, Soares!... Você, ao que vejo, não percebe que os instrutores espirituais nos guiam para o bem, exclusivamente para o bem...
— Compreendo que se prove a imortalidade da alma e aceito a necessidade da convicção, mas não justifico advertências e avisos de amigos encarnados ou desencarnados. Se todos dispomos de livre-arbítrio e se a própria Doutrina Espírita consagra a responsabilidade pessoal, por que motivo os discursos ou escritos de corrigenda ou reprovação?!...

Mota, porém, não esmorecia na sensata argumentação com que se impunha, e replicava, enquanto o ônibus deslizava, célere:
— Lembre-se de que estamos na Terra, "mundo de provas e expiações". Somos na Humanidade os membros de uma só família, na obrigação de amparar-nos e defender-nos mutuamente. Em muitas ocasiões, em vez de agirmos com acerto, procedemos à feição de loucos... Ora, nem sempre cumpriremos o dever de solidariedade, oferecendo rosas e caramelos uns aos

outros. Um companheiro, prestes a afogar-se, é salvo através de um choque providencial...

— Não. Nada de escapatória. Acidente é outra coisa. Refiro-me a conselhos que ninguém pede...

— Onde colocaremos, então, a medicina preventiva e os preceitos da ordem social? Num planeta, qual o nosso, não podemos ignorar o valor da polícia e da imunização.

— Não me venha com sofismas. Sou contra qualquer palavra da Terra ou do Mundo Espiritual que intente furtar-nos o direito irrestrito à liberdade de ação...

Nisso, o veículo parou e a conversa interrompeu-se, porque o avião estava quase a decolar.

Mais alguns minutos, e os dois companheiros se achavam a pleno céu, confortavelmente instalados no rumo da capital argentina.

Tudo corria às mil maravilhas, quando, no meio da noite, ambos viram certo companheiro de viagem, evidentemente enfermo e em momento de insânia, ajustando uma bomba, rente a si próprio, para suicídio espetacular.

Foi então que Mota falou para Soares, com excelente lógica:

— Agora, meu caro, recordemos nosso desacordo e examinemos a prova diante de nós. Tomamos medida contra o vizinho em delírio ou comprometemos, conscientemente, não apenas a nossa vida, como também a vida de dezenas de passageiros. E não é só. É preciso agir com prudência ou iremos todos pelos ares...

Aristeu concordou num sorriso amarelo:

— É... é...

E enquanto Mota se dirigia, cauteloso, ao comando da nave, para a solução pacífica do problema, foi o próprio Soares quem se abeirou, afetuosamente, do louco e, após identificar-lhe a condição de espírito revoltado, passou a adverti-lo com palavras de brandura e entendimento, chamando-o por "irmão".

~ 12 ~
Documento raro

Enquanto agíamos na prestação de socorro a companheiros em prova, horas após enorme desastre em que dezenas de pessoas perderam a existência por afogamento num grande rio, encontrei a folha de anotações de Joaquim Nonato, cuja presença entre os desencarnados me fora apontada por um amigo. Impressionado com a leitura desse curioso documento, empapado de lodo, sinto-me no dever de transcrevê-lo, na íntegra:

> 2/1/66 – Estou iniciando o meu trabalho deste ano, decidido a ganhar mais dinheiro. Não renuncio a isso. Voltei ontem à casa do primo Juca e ouvi a mesma cantilena. Duro pensar que ele repete o caso, há dez anos sem falhar!... Coitado! Homem bom, mas crédulo demais. Escutou, no grupo de espíritas que frequenta, algum velhaco interessado em surripiar-me dinheiro e afirma que só a caridade poderá remover a *provação que me espera*... Contou-me o pobre Juca que ele mesmo, *numa visão*, me enxergou em vida passada, na condição de malfeitor, afogando um viajante, alta noite, para roubar-lhe grande fortuna!... e

acrescentou que o médium da confiança dele confirma isso. Mas não é só. Puseram o nome de minha mãe, morta há trinta anos, nessa história engraçada. Diz o médium que a velha me mandou pedir auxiliar os outros, amparar os necessitados e beneficiar o próximo, tomando a caridade por patrona de minha defesa, assim como alguém, que se encontra complicado em assuntos com a justiça, contrata o apoio de um advogado... Minha mãe teria dado comunicações rogando para que eu distribua pelo menos a quinta parte do meu dinheiro em boas obras, de modo a evitar grande parte dos meus sofrimentos futuros!... O infeliz do Juca ainda tentou persuadir-me que, diante das Leis de Deus, é possível resgatar em amor ao próximo as dívidas que nos cabe solver em provação... Boa bola!... Meu dinheiro é o que eles querem!... Coitado do Juca! Esse caso de avisos é simplesmente o resultado de conversa minha. Há onze anos, sonhei que estava atirando um homem nas águas de um rio, depois de havê-lo espancado para furtar-lhe a bolsa. Acordei suado, aflito. Fiz a bobagem de contar isso, na loja do Ascânio, em Bonsucesso, numa roda de amigos e, com certeza, os espíritas tomaram conhecimento de minha imprudência e agora me cercam no intuito de me extorquirem dinheiro... Estão muito enganados. Não darei um tostão a ninguém. Quem gosta de fantasma é criança. O bobo do meu primo ainda me veio explicar que há muita gente sofrendo por aí e que devo ajudar... Essa é boa! Não sou dono do mundo!...

4/2/66 – Executei a viúva Soares e recebi os 2 milhões que ela teimava em não pagar, alegando as dificuldades em que ficou, depois da morte do marido. Chorou, chorou, mas caiu com os cobres. Quando vendi ao casal o lote 16, o homem não me falou que era doente e, afinal, eu não mando na morte...

15/3/66 – Queixei-me à polícia do velho Cirino Arão. Velho atrevido!... Além do débito de 1,5 milhão em que está atrasado comigo, desde quatro dias, ainda me insultou, chamando-me "pão duro"... Mas isso não fica assim, não... Ele será chamado às falas e resolverá o problema. Não perdoarei um vintém...

16/4/66 – Juca telefonou-me, aconselhando para que me lembre da *mensagem* e visite, em companhia dele, uma casa de órfãos. Simples armadilha. Neguei-me. Não quero encontrar espertalhões. Tenho mais que fazer. Disse-lhe, claramente, que preciso ir hoje a Nova Iguaçu receber os 2 milhões restantes dos seis lotes que vendi no mês passado.

10/5/66 – Executei a lavadeira Ernestina em 800 mil cruzeiros... Lastimava-se de que não poderia pagar agora as prestações do terreno que me comprou, porque os quatro filhos adoeceram ao mesmo tempo... Essa gente é uma *fábula*!... Na hora de comprar, é promessa; no pagamento, é choradeira.

2/6/66 – Fui pessoalmente à cobrança dos 6 milhões que diversos clientes me devem, desde janeiro. Todos pagarão ou acertarão contas com a justiça...

10/7/66 – Recebi hoje quatro geladeiras e duas máquinas de costura para abater débitos atrasados. Tudo em bom estado. Creio que farei 1,2 milhão à vista, com esse material.

11/8/66 – Juca voltou a procurar-me para falar de reencarnações passadas e de beneficência para melhorar a vida. Hoje, não aguentei... Ri na cara dele. Só receberei *recados de outro mundo*, se algum Espírito me ensinar o melhor modo de evitar caloteiros.

14/9/66 – Executei João Serra em 900 mil... Sempre a mesma história... Doença e doença... Nada tenho com isso...

20/10/66 – Telefonema de Juca. Quer visitar-me com o médium dos avisos e das caridades... Respondi que não posso recebê-los agora, por estar comprometido numa viagem a São Paulo... Já sei o que procuram...

10/11/66 – Tenho estudado com o meu procurador a melhor maneira de forçar meus devedores ao pagamento dos terrenos que vendi sem maiores garantias. Começarei meus negócios no ano próximo, com nova orientação. Tenho sido idiota. Perco os melhores lucros por excesso de tolerância. Obrigação de quem deve é pagar.

29/12/66 – Apesar da luta, suponho que poderei seguir no mês próximo para São Paulo, a fim de colocar algum dinheiro a juros mais altos, com amigos industriais... Juca me procurou quatro vezes, nas vésperas do Natal, dizendo à empregada que era portador de recados de minha mãe... Já sei... Queria dinheiro para donativos a desocupados e vagabundos. Nada disso... O que é meu, é meu...

~

Aqui terminavam as anotações que li, comovidamente.

Em seguida, mergulhamos na corrente espessa do rio em assombrosa cheia. Preso ao barro viscoso do fundo, estava o cadáver disforme de Joaquim Nonato e, a poucos metros, vimos a pasta dele, começando a perder irremediavelmente na lama o valioso conteúdo de 22 milhões.

~ 13 ~
Perto de Deus

Entre a alma, prestes a reencarnar na Terra, e o mensageiro divino travou-se expressivo diálogo:
— Anjo bom — disse ela —, já fiz numerosas romagens no mundo. Cansei-me de prazeres envenenados e posses inúteis... Se posso pedir algo, desejaria agora colocar-me em serviço, perto de Deus, embora deva achar-me entre os homens...
— Sabes efetivamente a que aspiras? Que responsabilidade procuras? — replicou o interpelado. — Quando falham aqueles que servem à vida, perto de Deus, a obra da vida, em torno deles, é perturbada nos mais íntimos mecanismos.
— Por misericórdia, anjo amigo! Dar-me-ás instruções...
— Conseguirás aceitá-las?
— Assim espero, com o amparo do Senhor.
— O Céu, então, conceder-te-á o que solicitas.
— Posso informar-me quanto ao trabalho que me aguarda?
— Porque estarás mais perto de Deus, conquanto entre os homens, recolherás dos homens o tratamento que eles habitualmente dão a Deus...

— Como assim?
— Amarás com todas as fibras de teu espírito, mas ninguém conhecerá, nem te avaliará as reservas de ternura!... Viverás abençoando e servindo, qual se carregasses no próprio peito a suprema felicidade e o desespero supremo. Nunca te fartarás de dar e os que te cercarem jamais se fartarão de exigir...

— Que mais?

— Dar-te-ão no mundo um nome bendito, como se faz com o Pai Celestial; contudo, qual se faz igualmente até hoje na Terra com o Todo-Misericordioso, reclamar-se-á tudo de ti, sem que se te dê coisa alguma. Embora detendo o direito de fulgir à luz do primeiro lugar nas assembleias humanas, estarás na sombra do último... Nutrirás as criaturas queridas com a essência do próprio sangue; no entanto, serás apartada geralmente de todas elas, como se o mundo esmerasse em te apunhalar o coração. Muitas vezes, serás obrigada a sorrir, engolindo as próprias lágrimas, e conhecerás a verdade com a obrigação de respeitar a mentira... Conquanto venhas a residir no regozijo oculto da vizinhança de Deus, respirarás no fogo invisível do sofrimento!...

— Que mais?

— Adornarás as outras criaturas para que brilhem nos salões da beleza ou nos torneios da inteligência; entretanto, raras te guardarão na memória, quando erguidas ao fausto do poder ou ao delírio da fama. Produzirás o encanto da paz; todavia, quando os homens se inclinem à guerra, serás impotente para afastar-lhes o impulso homicida... Por isso mesmo, debalde chorarás quando se decidirem ao extermínio uns dos outros, uma vez que te acharás perto do Todo-Sábio e, por enquanto, o Todo-Sábio é o grande anônimo entre os povos da Terra...

— Que mais?

— Todas as profissões no planeta são honorificadas com salários correspondentes às tarefas executadas, mas o teu ofício, porque estejas em mais íntima associação com o Eterno e para que não comprometas a Obra da Divina Providência, não terá compensações amoedadas. Outros seareiros da vinha terrestre serão beneficiados com a determinação de horários especiais; contudo, já que o supremo Pai serve dia e noite, não disporás de ocasiões para descanso certo, porquanto o amor te colocará em permanente vigília!... Não medirás sacrifícios para auxiliar, com absoluto esquecimento de ti; no entanto, verás teu carinho e abnegação apelidados, quase sempre, por fanatismo e loucura... Zelarás pelos outros, mas os outros muito dificilmente se lembrarão de zelar por ti... Farás o pão dos entes amados... Na maioria das circunstâncias, porém, serás a última pessoa a servir-se dos restos da mesa, e, quando o repouso felicite aqueles que te consumirem as horas, velarás, noite adentro, sozinha e esquecida, entre a prece e a aflição... Espiritualmente, viverás mais perto de Deus, e, em razão disso, terás por dever agir com o ilimitado amor com que Deus ama...

— Anjo bom — disse a alma, em pranto de emoção e esperança —, que missão será essa?

O emissário divino endereçou-lhe profundo olhar e respondeu num gesto de bênção:

— Serás mãe!...

~ 14 ~
O guia

Necessitando melhorar conhecimentos de orientação, acompanhei um dia de serviço do guardião Aurelino Piva, Espírito amigo que desempenha a função de guia comum da senhora Sinésia Camerino, dama culta e distinta, domiciliada em elegante setor do mundo paulista.

Cabia-me aprender como ajudar alguém, individualmente, na posição de desencarnado. Auxiliar em esforço anônimo, exercer o amor silencioso e desconhecido.

Cheguei cedo à residência, cujo pequeno jardim a primavera aformoseava. Quatro horas da manhã, justamente quando Aurelino preparava as forças de sua protegida para o dia nascente. Trabalho de humildade e devotamento.

Na véspera, dona Sinésia não estivera tão sóbria ao jantar. Excedera-se em quitutes e licores, mas o amigo espiritual erguia-se em piedosa sentinela e, antes que a senhora reabrisse os olhos no corpo, aplicava-lhe passes de reajuste.

— É preciso que nossa irmã desperte tão hígida quanto possível — explicou-me.

E sorrindo:

— Um dia tranquilo no corpo físico é uma bênção que devemos enriquecer de harmonia e esperança.

Depois de complicada operação magnética, observei que a tutelada se dispunha a movimentar-se, e esperei.

Seis horas da manhã.

Aurelino formulou uma prece, rogando ao Senhor lhe abençoasse a nova oportunidade de trabalho e tive a ideia de tornar a escutar-lhe as palavras confortadoras: "um dia tranquilo no corpo físico é uma bênção...".

A senhora acordou e o benfeitor espiritual postou-se ao lado dela, à feição de pai amoroso, falando-lhe dos recursos imensos da vida que estuavam lá fora, como a buscar-lhe o coração para o serviço com alegria. Dona Sinésia ouvia em pensamento e, qual se dialogasse consigo mesma, recusava a mensagem de otimismo e respondeu às benéficas sugestões, resmungando: "dia aborrecido, tempo sem graça...". Nisso, dois meninos altercaram, lá dentro, com a empregada. Bate-boca em família. Dona Sinésia não se mexeu. Sabia que os dois filhos manhosos nada queriam com estudo, nem suportavam qualquer disciplina, mas não deu bola. Aurelino, porém, correu à copa e eu o acompanhei. O amigo desencarnado apaziguou as crianças e acalmou a servidora da casa, à custa de apelos edificantes. Ajudou os pequenos a encontrarem os cadernos de exercícios escolares que haviam perdido e acompanhou-os até o ônibus. De volta ao interior doméstico, chegou a vez de se amparar o esposo de dona Sinésia, que deixara o quarto sob grande acesso de tosse. Bronquite velha. Um guardião espiritual, ligado a ele, auxiliava-o, presto; no entanto, Aurelino pensou na tranquilidade de sua protegida e entregou-se à tarefa de colaboração socorrista. Passes, insuflações. O chefe da família estava nervoso, abatido. Aurelino não repousou enquanto não lhe viu o espírito asserenado, diante da empregada, a quem auxiliou de novo, a fim de que o café com leite fosse servido com carinho e limpeza. Logo após, demandou o grande aposento, em que iniciáramos a tarefa, rogando a dona Sinésia viesse à copa abençoar o marido com um sorriso de confiança. A dama escutou o convite suplicante, através da intuição, mas ficou absolutamente parada sob os lençóis, e, ouvindo o esposo a pigarrear, na saída, comentou intimamente: "não vou com asma, estou farta".

Sete horas. Aurelino estugou o passo a fim de sustentar o senhor Camerino, na travessia da rua. Explicou-me que dona Sinésia precisava de paz e, em razão disso, devia ajudar-lhe o marido com as melhores possibilidades de que dispunha. E, atencioso, deu a ele, na espera da condução, ideias de tolerância e caridade, bom ânimo e fé viva para compreender as suas dificuldades de contador na firma a que se vincula.

Regressamos a casa. Dona Sinésia em descanso. Oito horas, quando se levantou. Aurelino sugeriu-lhe o desejo de tomar água pura e informou-me de que se esmerava em defendê-la contra intoxicações. Magnetizou o líquido simples, dotando-o de qualidades terapêuticas especiais e... continuaram serviços e preocupações. Trabalho de proteção para dona Sinésia, em múltiplas circunstâncias pequeninas suscetíveis de gerar grandes males; apoio à empregada de dona Sinésia, para que não falhassem minudências na harmonia do lar; remoção de obstáculos a fim de que contratempos não viessem perturbar a calma de dona Sinésia; socorro incessante às crianças de dona Sinésia, ao retornarem da escola; cooperação indireta para que dona Sinésia escolhesse os pratos capazes de lhe assegurarem a necessária euforia orgânica; inspirações adequadas de modo a que dona Sinésia encontrasse boas leituras; amparo constante ao senhor Camerino, tanto quanto possível, a fim de que dona Sinésia não se afligisse...

Enfim, dona Sinésia, sem a obrigação de ser agradecida, já que não identificava os benefícios contínuos que recebia, teve um dia admirável, enquanto Aurelino e eu estávamos realmente estafados, não obstante a nossa condição de Espíritos sem corpo físico.

À noite, porém, justamente quando Aurelino se sentou ao meu lado para dois dedos de prosa, dona Sinésia, desatenta, feriu o polegar da mão esquerda com a agulha que manejava para enfeitar um vestido.

Bastou isso e a senhora desmandou-se aos gritos:

— Oh! meu Deus! meu Deus!... ninguém me ajuda! Vivo sozinha, desamparada!... Não há mulher mais infeliz do que eu!...

Positivamente assombrado, espiei Aurelino, que se mantinha imperturbável, e observei:

— Que reação é esta, meu amigo? Dona Sinésia recolheu socorro e bênçãos durante o dia inteiro!... como justificar este ataque de cólera por picadela sem importância nenhuma?!...

Aurelino, entretanto, sorriu e falou paciente:

— Acalme-se, meu caro. Auxiliemos nossa irmã a reequilibrar-se. Esta irritação não há de ser nada. Ela também, mais tarde, vai desencarnar como nós, e será guia...

~ 15 ~
O compromisso

Chamados ao concurso fraterno, em auxílio de pequeno grupo familiar, fustigado por doloroso caso de obsessão, instrutores amigos nos indicaram alguém no plano físico, que poderia colaborar conosco. Alberto Nogueira, a pessoa certa. Médium que reencarnara, trinta e seis anos antes, sob o amparo do núcleo espiritual de que partiria a nossa expedição socorrista.

Tratando-se de companheiro que ainda não conhecíamos, em sentido direto, meu amigo Saturnino e eu, atendendo à recomendação de companheiros outros, fomos compulsar-lhe a ficha, ou melhor, o processo que lhe dera origem à existência atual, com tarefa mediúnica de permeio.

Engolfados na consulta, lemos comovidamente a súplica do próprio Alberto, antes do renascimento, ali nas primeiras folhas da curiosa documentação:

Senhor Jesus!

Conheço a minha posição de Espírito delinquente e, por isso, rogo a vossa permissão para tornar ao campo terrestre, de modo a resgatar minhas faltas. Pequei contra as Leis de Deus, ó Divino Tutor de nossas almas, e fomentei intrigas nas quais, a mando meu, pereceram dezenas de criaturas. Destruí lares, abusando da autoridade de que me assenhoreei por atos de rapina, e perverti a inteligência, patrocinando o furto e o crime, a espalhar a fome e o sofrimento, entre os meus irmãos da Humanidade! Concedei-me a volta ao corpo terrestre, Senhor, com os necessários recursos da provação depuradora! Quero que a lepra me desfigure, a fim de que eu pague com lágrimas constantes as feridas que abri nos corações indefesos! Quero padecer o abandono dos entes mais queridos, para que eu possa aprender quanto dói a deserção dos compromissos abraçados. Rogo, Senhor, se tanto for preciso, que eu passe pela extrema penúria, esmolando o pão que me alimente e a veste que agasalhe as feridas que mereço! Se julgardes mais conveniente à minha depuração, dai-me a loucura ou a cegueira para que eu possa expiar minhas faltas, seja nas angústias do hospício ou nas meditações agoniadas da sombra!... Compreendo a extensão de meus débitos, e, se considerardes que devo apagar-me num cérebro incapaz ou retardado, fazei-me essa concessão! Seja através de calvários morais ou pelos mais detestados tormentos físicos, valei-me, Senhor, e dai-me novo corpo na Terra. Quero chorar, lavando com lágrimas de fogo as nódoas de meu passado e expor-me às mais duras humilhações a fim de regenerar minha vida! Senhor, concedei-me as aflições de que me vejo necessitado e anulai em mim qualquer possibilidade de reação! Fazei-me padecer, mas fazei-me viver novamente entre os homens! Quero corrigir-me, recomeçar! Bendito seja o vosso nome, Senhor! Bendita a vossa mão que me salva e guia!*

Por baixo do requerimento comovedor, vinha a assinatura daquele que adotava agora no mundo a personalidade de Alberto Nogueira e, logo após, lia-se o magnânimo despacho da autoridade superior que determinava, em nome do Cristo de Deus:

O Senhor pede misericórdia, não sacrifício. O interessado resgatará os próprios débitos, em vida normal, com as tarefas naturais de um lar humano e de uma família, em cujo seio encontrará os contratempos justos e educativos para qualquer criatura com necessidades de reequilíbrio e aprimoramento, mas, por mercê do Senhor, será médium espírita, com a obrigação de dar, pelo menos, oito horas de serviço gratuito por semana, em favor dos irmãos necessitados da Terra, consolando-os e instruindo-os, na condição de instrumento dos bons Espíritos que operam a transformação do mundo, em nome de Nosso Senhor Jesus Cristo. Desse modo, assumirá compromisso aos 30 anos, na existência próxima, e praticará a mediunidade com o Evangelho de Jesus, até os 60, quando se lhe encerrarão as oportunidades de trabalho e elevação, resgatando, assim, em atividade de amor, os débitos que teria fatalmente de pagar através do sofrimento. Louvado seja o Senhor!

Diante de páginas tão expressivas, decerto Saturnino e eu não precisaríamos alongar anotações.

Partimos, no encalço do seareiro do bem, com escala pela moradia que a obsessão atormentava.

Penetrando a cidade em que se nos situaria o serviço programado e atingindo a casa em que deveríamos trabalhar, vimos, para logo, uma jovem vampirizada por infeliz irmão, desde muito tempo habituado à perturbação no reino das sombras.

Imprescindível socorrer a menina ingênua, alertar-lhe a mente, sacudir-lhe as forças profundas da alma, com informações e instruções suscetíveis de libertá-la. Nada de perder tempo.

Depois de uma prece, conseguimos influenciar a genitora da enferma, colocando-a, com a filha obsidiada, a caminho do Templo Espírita cristão, onde Alberto Nogueira estaria em serviço, na evangelização da noite, segundo os avisos por nós recolhidos na Esfera Superior.

Entre aflição e desapontamento, não o encontramos no lugar indicado.

Formulando indagações, por via telepática, ao simpático dirigente da Casa, esclareceu-nos ele, em pensamento, que o amigo referido abandonara a pontualidade e aparecia raramente. Surgira o impasse, uma vez que para auxiliar, no momento, precisávamos de Alberto.

Munidos das informações necessárias, logramos situar, novamente, mãe e filha conosco, à procura dele.

Vinte horas e vinte minutos. Achamo-lo em bonita varanda, lendo um jornal do dia, em larga espreguiçadeira.

Inspirada por nós, a desvalida senhora solicitou-lhe a colaboração mediúnica em socorro à doente. Humilhou-se, rogou, chorou, mas Nogueira respondeu, inflexível:

— Não, senhora, não lhe posso ser útil. Realmente, por dois longos anos servi na condição de médium, nas obras de caridade. Finalmente, adoeci... Aliás, não sei se adoeci ou se me cansei. A senhora sabe, um homem que é pai de família, como eu, com deveres enormes a cumprir, tem que zelar pela própria saúde... Preciso defender-me...

E porque a infortunada mãe insistisse, atendendo-nos aos rogos, rematou numa tirada humorística:

— A única criatura que trabalha, dando de si sem pensar em si, que eu saiba até agora, é só o burro.

Saímos como entramos, carregando o mesmo problema, a mesma inquietação.

Aquele Espírito valoroso que pedira lepra, cegueira, loucura, idiotia, fogo, lágrimas, penúria e abandono, a fim de desagravar a própria consciência, no plano físico, depois de acomodar-se nas concessões do Senhor, esquecera todas as necessidades que lhe caracterizavam a obra de reajuste e preferia a ociosidade, enquadrado em pijama, com medo de trabalhar.

~ 16 ~
O malfeitor

Terminada que foi a tarefa de evangelização no Templo Espírita, a que emprestávamos concurso fraterno, acompanhei Anísio Terra, amigo espiritual de muito tempo, que me dissera estar encarregado por alguns instrutores de socorrer um moço obsesso, ameaçado de colapso nervoso naquela mesma noite. Por espírito de aprendizado, dispus-me a seguir o companheiro que se postara rente a dois cavalheiros bem-postos, distintos irmãos encarnados, que Terra me designou pelos nomes de Noronha e Silva, conhecidos dele e frequentadores da Casa.

Atento ao hábito de cooperar sem perguntar, acomodei-me, ao lado de Anísio, no ônibus que levava os dois senhores, que passaram a entretecer curioso diálogo.

— Creia que fiquei emocionado com a preleção evangélica de hoje. Há muito tempo não ouço um orador emitindo conceitos tão felizes em torno da caridade — falou Noronha, comovido.

— Sem dúvida... — respondeu Silva, reticencioso.

— Não acha você que os bons Espíritos nos falaram por ele, induzindo-nos à piedade?
— Que quer dizer com isso? — disse o outro em tom de mofa.
— Nosso plano para esta noite...
— Será cumprido.
— Mas você compreende... Existem muitos caminhos para o reajuste de alguém, sem violência, sem escândalo.
— Ora essa! Você está com um malfeitor dentro de casa, como tudo indica, entre os próprios empregados, e desiste de pôr a coisa em pratos limpos?!...
— Sim, sim... É preciso pensar. Provoquei a viagem de minha mulher, dei férias aos quatro, comunicando a eles que me ausentaria ao encontro dela, a partir de hoje, na convicção de que o autor do furto, do mês passado, venha a surgir agora, já que guardamos silêncio e procuramos sair de novo, mas depois de ouvir a preleção evangélica...
— Que é isto, homem de Deus? O Evangelho não aplaude roubalheiras...
— Mas nos chama à caridade uns com os outros.
— E a cadeia não é caridade para o delinquente?
— Oh! Silva, não diga isso!... Por amor de Deus!...
— Você não recuará. Sou eu quem não deixa.
— Não será melhor esperarmos a criatura infeliz com a palavra do Evangelho? Se oramos, pedindo o socorro de nossos guias, não será mais justo que solicitar a intervenção da polícia?
— Não, não me venha com essa! Você é meu cunhado e os valores de minha irmã que desapareceram são bens de família. Assumo a responsabilidade. Defenderei vocês dois e não retrocedo no que foi resolvido. E, consultando o relógio, Silva acrescentou: — São mais de dez horas. Entraremos no escuro, ficaremos no quarto contíguo à alcova do cofre e, se o ladrão ou a ladra aparecerem, permitiremos que comece a revistar os guardados e, assim que o biltre ou a megera se engolfarem na

busca, trancaremos a porta, por fora, e, em seguida, meu caro, é o telefone e a radiopatrulha.
— Mas Silva...
— Nada de escapatória... Malfeitores não entendem de conselhos, nem de orações, são gente criada como as bestas do campo, abandonadas aos próprios instintos... E homem ou mulher que crescem ao sabor das próprias tendências são, quase sempre, criminosos natos...
— Silva, o coração me dói...
— Não há razão para isso. Tudo faz crer que o ladrão estará entre os seus quatro empregados; precisamos averiguar quem é o culpado e a polícia faz isso muito bem, sem que necessitemos punir a alguém com as próprias mãos.
— Penso que deveríamos ser mais humanos...
— Não perca tempo, filosofia tem lugar próprio.

Nesse ponto da conversa, efetuou-se a descida. Ambos os interlocutores apearam do ônibus e rumaram para a grande residência dos Noronha, enquanto nos pusemos a segui-los de perto.

Entraram à socapa, varando o silêncio e a sombra, e colocaram-se de plantão, num aposento espaçoso, vizinho da câmara estreita, em que naturalmente se localizaria o cofre da família.

Duas horas de expectativa passaram morosas, pingando laboriosamente os minutos.

Algum tempo depois de zero hora, alguém penetrou a casa... Pé ante pé, atravessou dois salões e, como quem conhecia todos os cantos do largo domicílio, encaminhou-se para a alcova indicada.

Mais alguns instantes de sofreguidão e, ao modo de gatos pulando no objetivo após longo tempo na mira, Silva e Noronha cerraram a porta, no lado externo, enquanto o salteador passou a gritar lancinantemente.

Fez-se tumulto. Os dois amigos correram de um lado para outro. Acender de luzes, chamada ao telefone, pedido de urgência à radiopatrulha. Nada de atenção para com a voz angustiada, suplicando socorro.

Noronha, sensível, mostrava-se acabrunhado, ao passo que Silva, em agitação, saiu à porta de entrada, rogando a colaboração de populares, preparando espetaculosamente a recepção das autoridades.

Terra, muito sereno, recomendou-me sustentar as forças de Noronha, enquanto se dirigiria para a alcova, de modo a socorrer o prisioneiro, em acerba algazarra.

Poucos minutos e a sirene policial anunciou a chegada da missão punitiva.

Silva propunha providências e explicava pormenores, transeuntes detidos para a cooperação de emergência, renteando com os guardas, ouviam, curiosos.

De armas em punho e com avisos prévios ao malfeitor para que não reagisse, foi aberta a porta e um jovem de seus 22 anos apareceu em lágrimas. Avistando Silva, atirou-se-lhe aos braços, clamando em desespero:

— Socorro!... Socorro, meu pai!...

Silva abaixou a cabeça, envergonhado. Encontrara ali seu próprio filho.

～ 17 ～
Nota em sessão

Quando Anastácio, o diretor da reunião mediúnica, encaminhava as tarefas da noite para a fase terminal, comunicou-se o irmão Silvério para as instruções do costume.

Apontamento vai, apontamento vem, e Anastácio, o doutrinador, desfechou curiosa pergunta ao amigo desencarnado:

— Irmão Silvério, com o devido respeito, desejávamos colher a sua opinião em torno de grave assunto que admitimos seja problema não somente para nós, nesta Casa, mas para a maioria dos grupos semelhantes ao nosso...

— Diga o que há...

— Referimo-nos aos médiuns, depois de iniciados na tarefa espírita. Por que tanta dificuldade para conservá-los em ação? Quantas vezes temos visto companheiros de excelente começo, e outros, até mesmo com o merecimento de obras consolidadas, abandonarem o serviço, de momento para outro?!... Uns foram curados de aflitivas obsessões, outros abraçaram o apostolado, em plenitude de madureza do raciocínio... Esposam benditas responsabilidades, de coração jubiloso, e principiam a trabalhar, corajosos e felizes... Surge, porém, um dia em que tudo ou quase tudo largam, de repente, no que se reporta às atividades mediúnicas, conquanto prossigam credores de nossa maior consideração pela vida respeitável e digna de que dão testemunho, seja no lar ou na profissão. Como explicar semelhante fenômeno?

O mensageiro anotou, através do médium:

— Meu irmão, estamos em combate espiritual, o combate da luz contra as trevas. Muitos de nossos aliados sofrem pesada ofensiva por parte das forças que nos são contrárias, e é razoável que deixem a posição, quando já não mais suportem o assédio... Somos, então, obrigados a compreendê-los e a favorecer-lhes a retirada, embora lhes valorizemos a colaboração, com as nossas melhores reservas afetivas.

— Sim, entendo — acentuou o inquieto companheiro do plano físico —, entendo que os agentes da sombra nos espiam e nos hostilizam, no intuito de arrasar-nos... Mas por que essa perseguição? Não estamos nós do lado da luz? Não somos chamados a confiar em Deus? Acaso, não nos achamos vinculados aos princípios do Bem Eterno? Não nos situamos, porventura, sob a vigilância de nossos instrutores da Vida Mais-Alta?

O Espírito amigo sorriu e replicou, paciente:

— Anastácio, ontem à noite estive em serviço de socorro às vítimas de alguns malfeitores encarnados, numa casa de entretenimentos públicos. Os nossos infelizes irmãos, para atenderem aos baixos intentos de que se viam possuídos, fixaram-se, antes de tudo, no propósito de apagarem a luz no recinto, a fim de operarem sob regime de perturbação, no clima das trevas. Avançaram para as lâmpadas vigorosas que alumiavam a casa e, para logo, inutilizaram-lhes a capacidade de serviço, tumultuando aquele ambiente. Depois de darem muito trabalho aos policiais, estes, finalmente, restabeleceram a normalidade. Como você pode avaliar, o apoio elétrico não se modificou na retaguarda, não impedindo que as lâmpadas fossem substituídas para que se recuperasse a iluminação. Assim também, meu caro, em nossas realizações espíritas. Os elementos da sombra, interessados em vampirizar a Humanidade, visam, sobretudo, a anular os médiuns que iluminam e, notadamente, os de maior responsabilidade, de maneira que possam dominar com os inferiores desígnios que lhes caracterizam as lamentáveis disputas. Depois de formarem o tumulto e a treva de espírito, reclamam grande esforço dos emissários de Jesus para que a harmonia se refaça no serviço regular de nossa Doutrina renovadora. Apesar de tudo isso, porém, é preciso reconhecer que a ordem se reconstitui sempre para a vitória do bem de todos. Entende você?

— Sim... — reticenciou o doutrinador, e aduziu — mas que fazer para melhorar a situação?

E irmão Silvério rematou com serenidade e otimismo:

— Paciência e serviço, meu caro, paciência e serviço cada vez mais. Assim como, em qualquer desastre da iluminação comum, a usina, os técnicos e a eletricidade prosseguem inalteráveis, também nos acidentes do intercâmbio espiritual, Deus, os bons Espíritos e as Leis Divinas são invariavelmente os mesmos... Quanto às lâmpadas, é imperioso substituí-las, toda vez que não mais se ajustem à tomada de força, até que o progresso nos ofereça material de valor fixo... Compreendeu?

Anastácio sorriu por sua vez, demonstrando haver compreendido, e encerrou a sessão.

~ 18 ~
A lenda da criança

Dizem que o Supremo Senhor, após situar na Terra os primeiros homens, dividindo-os em raças diversas, esperou, anos e anos, pela adesão deles ao Bem Eterno. Criando a todos para a liberdade, aguardou pacientemente que cada um construísse o seu próprio mundo de sabedoria e felicidade. À vista disso, com surpresa, começou a ouvir do planeta terrestre, em vez de gratidão e louvor, unicamente desespero e lágrimas, blasfêmias e imprecações, até que, um dia, os mais instruídos, amparados no prestígio de embaixadores angélicos, se elevaram até Deus, a fim de suplicarem providências especiais. E, prosternados diante do Todo-Poderoso, rogaram cada qual por sua vez:

— Pai, tem misericórdia de nós! ... Repartimos a Terra, mas não nos entendemos... Todos reprovamos o egoísmo; no entanto, a ambição nos enlouquece e, um por um, aspiramos a possuir o maior quinhão!...

— Oh! Senhor!... Auxilia-nos!... Deste-nos a autonomia; contudo, de que modo manejá-la com segurança? Instituíste-nos códigos de amparo mútuo; no entanto, ai de nós!... Caímos, a cada passo, pelos abusos de nossas prerrogativas!...

— Santo dos Santos, socorre-nos por piedade!... Concedeste-nos a paz e hostilizamo-nos uns aos outros. Reuniste-nos debaixo do mesmo Sol!... Nós, porém, desastradamente, em nossos desvarios, na conquista de domínio, inventamos a guerra... Ferimo-nos e ensanguentamo-nos, à maneira de feras no campo, como se não tivéssemos, dada por ti, a luz da razão!...

— Pai Amantíssimo, enriqueceste-nos com os preceitos da justiça; todavia, na disputa de posições indébitas, estudamos os melhores meios de nos enganarmos reciprocamente, e, muitas vezes, convertermos as nossas relações em armadilhas nas quais os mais astuciosos transfiguram os mais simples em vítimas de alucinadoras paixões... Ajuda-nos e liberta-nos do mal!...

— Ó Deus de Infinita Bondade, intervém a nosso favor! Inflamaste-nos os corações com a chama do gênio, mas habitualmente resvalamos para os despenhadeiros do vício... Em muitas ocasiões, valemo-nos do raciocínio e da emoção para sugerir a delinquência ou envenenar-nos no desperdício de forças, escorregando para as trevas da enfermidade e da morte!...

Conta-se que o Todo-Misericordioso contemplou os habitantes da Terra, com imensa tristeza, e exclamou, amorosamente:

— Ah! meus filhos!... meus filhos!... Apesar de tudo, eu vos criei livres e livres sereis para sempre, porque, em nenhum lugar do Universo, aprovarei princípios de escravidão!...

— Oh! Senhor — soluçaram os homens —, compadece-te então de nós e renova-nos o futuro!... Queremos acertar, queremos ser bons!...

O Todo-Sábio meditou, meditou...

Depois de alguns minutos, falou comovido:

— Não posso modificar as Leis Eternas. Dei-vos o orbe terreno e sois independentes para estabelecer nele a base de vossa ascensão aos Planos Superiores. Tereis, constantemente e seja onde for, o que fizerdes, em função de vosso próprio livre-arbítrio!... Conceder-vos-ei, porém, um tesouro de vida e renovação, no qual, se quiserdes, conseguireis engrandecer o progresso e abrilhantar o planeta. Nesse escrínio de inteligência e de amor, disporeis de todos os recursos para solidificar a fraternidade, dignificar a Ciência, edificar o bem comum e elevar o direito... De um modo ou de outro, todos tereis, doravante, esse tesouro vivo, ao vosso lado, em qualquer parte da Terra, a fim de que possais aperfeiçoar o mundo e santificar o porvir!...

Dito isso, o Senhor Supremo entrou nos tabernáculos eternos e voltou de lá trazendo um ser pequenino nos braços paternais...

Nesse augusto momento, os atormentados filhos da Terra receberam de Deus a primeira criança.

~ 19 ~
Jesus e Simão

Retirava-se Jesus do lar de Jeroboão, filho de Acaz, em Corazim, para atender a um pedido de socorro em casa próxima, quando quatro velhos publicanos apareceram, de chofre, buscando-lhe o verbo reconfortante.

Haviam recebido as notícias do Evangelho do Reino, tinham fome de esclarecimento e tranquilidade, suplicavam palavras que os auxiliassem na aquisição de paz e esperança.

O Mestre contemplou-lhes a veste distinta e os rostos vincados de funda inquietação, e compadeceu-se.

Instado, porém, por mensageiros que lhe requisitavam a presença à cabeceira de alguém que se avizinhava da morte, o Excelso Benfeitor chamou Simão Pedro e pediu-lhe, ante os consulentes amigos:

— Pedro, nossos irmãos chegam à procura de renovação e de afeto... Rogo sejas, junto deles, o portador do Bem Eterno!... Ampara-os com a verdade, prossigamos em nossa tarefa de amor...

O apóstolo relanceou o olhar pelos circunstantes e, tão logo se viu a sós com eles, fez-se arredio e casmurro, esperando-lhes a manifestação.

Foi Eliúde, o joalheiro e mais velho dos quatro, que se ergueu e solicitou com modéstia:

— Discípulo do Senhor, ouvimos a Nova Revelação e temos o espírito repleto de júbilo!... Compreendemos que o Messias Nazareno vem da parte do Todo-Poderoso arrancar-nos da sombra para a luz, da morte para a vida... Que instruções e bênçãos nos dás, oh! dileto companheiro das Boas-Novas? Temos sede do Reino de Deus que o Mestre anuncia! Aclara-nos a inteligência, guia-nos o coração para os caminhos que devemos trilhar!...

Simão, contudo, de olhar coruscante, qual se fora austero zelador de consciências alheias, brandiu violentamente o punho fechado sobre a mesa, e falou, ríspido:

— Conheço-vos a todos, oh! víboras de Corazim!...

E, apontando o dedo em riste para Eliúde, aquele mesmo que tomara a iniciativa do entendimento, acusou-o, severamente:

— Que pretendes aqui, ladrão das viúvas e dos órfãos? Sei que ajuntaste imensa fortuna à custa de aflições alheias. Tuas pedras, teus colares, teus anéis!... que são eles senão as lágrimas cristalizadas de tuas vítimas? Como consegues pronunciar o nome de Deus?...

Voltando-se para o segundo, na escala das idades, esbraveou:

— Tu, Moabe, a que vieste? Ignoras, porventura, que não te desconheço a miséria moral? Como te encorajaste a vir até aqui, após extorquir os dois irmãos, de quem furtaste os bens deixados por teu pai? Esqueces que um deles morreu consumido de penúria e de que o outro enlouqueceu por tua causa, sem qualquer recurso para a própria manutenção?

Em seguida, dirigiu-se ao terceiro dos circunstantes:

— Que buscas, Zacarias? Não te envergonhas de haver provocado a morte de Zorobatel, o sapateiro, comprando-lhe as dívidas e atormentando-o, através de execráveis cobranças, no só intuito de roubar-lhe a mulher? Já tens o fruto de tua caça. Aniquilaste um homem e tomaste-lhe a viúva... Que mais queres, infeliz?

E, virando-se para o último, gritou:

— Que te posso dizer, Ananias? Há muitos anos, sei que fazes o comércio da fome, exigindo que a hortaliça e o leite subam constantemente de preço, em louvor de tua cupidez... Jamais te incomodaste com as desventuradas crianças de teu bairro, que falecem na indigência, à espera de tua caridade, que nunca apareceu!...

Simão alçou os braços para o teto, como quem se propunha irradiar a própria indignação, e rugiu:

— Súcia de ladrões, bando de malfeitores!... O Reino de Deus não é para vós!...

Nesse justo momento, Jesus reentrou na sala, acompanhado de alguns amigos, e, entendendo o que se passava, contemplou, enternecidamente, os quatro publicanos arrasados de lágrimas, ao mesmo tempo que se abeirou do pescador amigo, indagando:

— Pedro, que fizeste?

Simão, desapontado à frente daqueles olhos cuja linguagem muda tão bem conhecia, tentou justificar-se:

— Senhor, tu disseste que eu deveria amparar estes homens com a verdade...

— Sim, eu falei "amparar", nunca te recomendaria aniquilar alguém com ela...

Assim dizendo, Jesus aceitou o convite que Jeroboão lhe fazia para sentar-se à mesa e, sorrindo, insistiu com Eliúde, Moabe, Zacarias e Ananias para que lhe partilhassem a ceia.

Organizou-se, para logo, bela reunião, na qual o Verbo se mostrou reconfortante e enobrecido.

Conversando, o Mestre exaltou a Divina Providência de tal modo e se referiu ao Reino de Deus com tanta beleza, que todos os comensais guardavam a impressão de viver no futuro, em prodigiosa comunhão de interesses e ideais.

Quando os quatro publicanos se despediram, sentiam-se diferentes, transformados, felizes...

Jesus e Simão retiraram-se igualmente e, quando se acharam sozinhos, passo a passo, ante as estrelas da noite calma, o rude pescador exprobrou o comportamento do Divino Amigo, formulando perguntas, através de longos arrazoados.

Se era necessário demonstrar tanto carinho para com os maus, como estender auxílio aos bons? Se os homens errados mereciam tanto amor, que lhes competia fazer, em benefício dos homens retos?

O Cristo escutou as objurgações em silêncio e, quando o aprendiz calou as derradeiras reclamações, respondeu numa frase breve:

— Pedro, eu não vim à Terra para curar os sãos.

~ 20 ~
Encontro singular

— Escute, moço... Se é verdade que o senhor escreve para a Terra, conte o meu caso, amparando alguém...

A observação procedia de um rapaz desencarnado, em deplorável situação num vale de suicidas.

O seu corpo, que se adensava, pesado e escuro, se retorcia, qual se estivesse fixado em agitação permanente, e, na garganta, se lhe viam arroxeadas feridas, alentadas decerto pelos pensamentos de angústia a lhe percutirem, constantes, na forma atormentada.

Percebi-lhe a condição de enforcado e diligenciei colocá-lo à vontade:

— Fale, meu irmão, quero ouvi-lo e aprender.

E o jovem, desenfaixado do envoltório físico, desmanchou-se em agoniadas recordações:

— Sabe?... Fui no mundo uma vítima do copo... Tudo começou numa festa... Lembro-me... Um convite inocente... Brincadeira... Um colega abeirou-se de mim com um frasco de bebida licorosa... Em seguida, a intimação amiga: um trago, só um trago... Recusei... Não tinha hábito... Em derredor de nós, a roda alegre e expectante... "Então, você" — zombeteou o companheiro sarcástico —, "então você é dos tais... Um maricas... Filhinho da mamãe... Que faz você com as calças?..." Ignorava que aceitar um desafio desses era perigoso para mim... Os outros bebiam e gargalhavam... Acabei aderindo... Engoli uma talagada, outra e mais outra... Depois, a cabeça zonza e o prazer esfuziante... No dia seguinte, a necessidade do aperitivo... E, dos aperitivos, passei à bebedeira inveterada... Alfaiate bem pago, a breve trecho comecei a deteriorar-me em serviço... Erros, faltas, pileques, ressacas... Terminadas as tarefas cotidianas, trocava o lar pelo bar... E sempre o quadro lastimável, noite a noite... Amigos me apoiando até a casa e, na porta, a cansada mãezinha a esperar-me... Constantemente, a mesma voz doce, insistindo e abençoando... "Meu filho, não beba! Não beba mais!..." Minha reação negativa nunca falhava... Esbravejava, ameaçava, premindo-lhe os braços trêmulos... Na manhã imediata, os remorsos e as promessas de corrigenda e reajuste... Em sobrevindo a noite, porém, novas carraspanas e disparates... Em várias ocasiões, ao despertar, surpreendia pratos e copos quebrados e a informação estranha de que fora eu o culpado... Estivera em pavoroso delírio, perpetrando desatinos e violências... Aborrecia-me, arrependia-me... No entanto, a sede de álcool sempre mais forte... As ocorrências infelizes se sobrepunham umas às outras, até que, um dia, acordei no cárcere... Oh! Por quê? Por que a prisão? Horrorizou-me a resposta do guarda... "Você é um assassino..." Eu? um assassino?... E ele: "sim, você, 'seu bêbado', você matou..." Solucei, esmagado de sofrimento... O peito parecia rebentar-me e gritei: "meu Deus, meu Deus, que será de minha mãe?!..." Aí, veio a revelação terrível: "foi ela própria que você destruiu... sua mãe, sua vítima..." Não acreditei... Pedi provas... Levado à residência sob a custódia de alguns soldados, ainda pude vê-la cadaverizada na urna... Mostrava na garganta os sinais de estrangulamento...

Em torno de nós, as testemunhas... Os que me haviam visto de perto com os dedos cravados na carne materna, em momento de insânia... Ajoelhei e gritei debalde... Recolhido à cadeia, positivamente dementado, aguardei a noite alta e, aproveitando algumas tiras de cobertor, enforquei-me... Desde então, sou um farrapo que vive, uma chaga que pensa... O infeliz que o senhor está vendo... Ai de mim!... Se minha história triste pode servir em benefício de alguém, fale dela aos outros, aos que se acham no caminho terrestre, na bica da invigilância ou do desespero...

Anotei, ali mesmo, o episódio amargoso que alinhavo nesta crônica e deixo o relato, com as próprias palavras do desventurado protagonista, em nossa apresentação do assunto, para estudo e reflexão dos amigos reencarnados que porventura nos leiam.

Entretanto, recordando o meu próprio ceticismo no tempo em que estadeava o enxundioso uniforme carnal, entre os homens do plano físico, não estou muito certo de que alguém possa realmente acreditar em nós.

~ 21 ~
Materialismo e Espiritismo

Conta-se que o Dr. Adolfo Bezerra de Menezes orientava, no Rio, uma reunião de estudos espíritas, com a palavra livre para todos os circunstantes, quando, após comentários diversos, perguntou se mais alguém desejava expressar-se nos temas da noite.

Foi então que renomado materialista, seu amigo pessoal, lhe dirigiu veemente provocação:

— Bezerra, continuo ateu e, não somente por meus colegas, mas também por mim, venho convidá-lo a debate público, a fim de provarmos a inexpugnabilidade do Materialismo contra as pretensões do Espiritismo. E previno a você que o Materialismo já levantou extensa lista de médiuns fraudulentos; de chamados sensitivos que reconheceram os seus próprios enganos e desertaram das fileiras espíritas; dos que largaram em tempo o suposto desenvolvimento das forças psíquicas e fizeram declarações, quanto às mentiras piedosas de que se viram envoltos; dos ilusionistas que operam em nome de poderes imaginários da mente; e, com essa relação, apresentaremos outro rol de nomes que o Materialismo já reuniu, os nomes dos experimentadores que demonstraram a inexistência da comunicação com os mortos; dos sábios que não puderam verificar as factícias ocorrências da mediunidade; dos observadores desencantados de qualquer testemunho da sobrevivência; e dos estudiosos ludibriados por vasta súcia de espertalhões... Esperamos que você e os espíritas aceitem o repto.

Bezerra concentrou-se em prece, alguns instantes, e, em seguida, respondeu, aliando energia e brandura:

— Aceitamos o desafio, mas tragam também ao debate aqueles que o Materialismo tenha soerguido moralmente no mundo; os malfeitores que ele tenha regenerado para a dignidade humana; os infelizes aos quais haja devolvido o ânimo de viver; os doentes da alma que tenha arrebatado às fronteiras da loucura; as vítimas de tentações escabrosas que haja restituído à paz do coração; as mulheres infortunadas que terá arrancado ao desequilíbrio; os irmãos desditosos de quem a morte roubou os entes mais caros, a cujo sentimento enregelado na dor terá estendido o calor da esperança; as viúvas e os órfãos, cujas energias terá escorado para não desfalecerem de saudade, ante as cinzas do túmulo; os caluniados aos quais terá ensinado o perdão das afrontas; os que foram prejudicados por atos de selvageria social mascarados de legalidade, a quem haverá proporcionado sustentação para que olvidem os ultrajes recebidos; os acusados injustamente, de cujo espírito rebelado terá subtraído o fel da revolta, substituindo-o pelo bálsamo da tolerância; os companheiros da Humanidade que vieram do berço cegos ou mutilados, enfermos ou paralíticos, aos quais terá tranquilizado com princípios de justiça, para que aceitem pacificamente o quinhão de lágrimas que o mundo lhes reservou; os pais incompreendidos a quem deu força e compreensão para abençoarem os filhos ingratos e os filhos abandonados por aqueles mesmos que lhes deram a existência, aos quais auxiliou para continuarem honrando e amando os pais insensíveis que os atiraram em desprezo e desvalimento; os tristes que haja imunizado contra o suicídio; os que foram perseguidos sem causa aparente, cujo pranto terá enxugado nas longas noites de solidão e vigília, afastando-os da vingança e da criminalidade; os caídos de todas as procedências, a cujo martírio tenha ofertado apoio para que se levantem...

Nesse ponto da resposta, o velho lidador fez uma pausa, limpou as lágrimas que lhe deslizavam no rosto e terminou:

— Ah! meu amigo, meu amigo!... Se vocês puderem trazer um só dos desventurados do mundo, a quem o materialismo terá dado socorro moral para que se liberte do cipoal do sofrimento, nós, os espíritas, aceitaremos o repto.

Profundo silêncio caiu na pequena assembleia, e, porque o autor da proposição baixasse a cabeça, Bezerra, em prece comovente, agradeceu a Deus as bênçãos da fé e encerrou a sessão.

~ 22 ~
Cristo e Vida

Meu amigo. Compreendendo a importância do Evangelho na seara espírita, você pergunta:

— Já que os amigos espirituais não acreditam na salvação pela fé, e sim pelas obras, sem as quais a fé se revestiria de quase nenhum valor, diga-nos, Irmão X, sem muitas palavras, que significa a influência de Jesus no mundo?

Antes de tudo, queremos afirmar que o Cristo de Deus, sob qualquer ângulo em que seja visto, é e será sempre o Excelso Modelo da Humanidade, mas, pouco a pouco, o homem compreenderá que, se precisamos de Jesus sentido e crido, não podemos dispensar Jesus compreendido e aplicado. E já que você nos pede uma síntese, dar-lhe-ei uma série de vinte definições do Senhor na experiência terrestre, por nós recolhidas em aula rápida de um instrutor da Espiritualidade Maior:

Cristo na existência: Caridade.
Cristo no lar: Harmonia.
Cristo no templo: Discernimento.

Cristo na escola: Educação.
Cristo na palavra: Brandura.
Cristo na justiça: Misericórdia.
Cristo na inteligência: Proveito.
Cristo no estudo: Orientação.
Cristo no sexo: Responsabilidade.
Cristo no trabalho: Eficiência.
Cristo na profissão: Idoneidade.
Cristo na alegria: Continência.
Cristo na dor: Resignação.
Cristo nas relações: Solidariedade.
Cristo na obrigação: Diligência.
Cristo no cansaço: Refazimento.
Cristo no repouso: Disciplina.
Cristo no compromisso: Lealdade.
Cristo no tempo: Serviço.
Cristo na morte: Vida eterna.

Aqui estão resultados da presença de Jesus em apenas alguns aspectos de nossos movimentos na Terra.

Você, contudo, provavelmente voltará à carga, indagando se nós, os espíritas desencarnados e encarnados, já atingimos semelhantes equações, e antecipo a resposta, informando a você que Jesus em nossa fraqueza é luz de esperança e, por isso mesmo, confiantes n'Ele — o Mestre e Senhor —, estamos certos de que, um dia, nós todos faremos do Evangelho o que devemos fazer.

~ 23 ~
Lição numa carta

Ao lado de João Firpo, desencarnado ao impacto do fogo que lhe devorara a casa velha, numa noite de expiação e de assombro, estava a carta, datada por ele quatro dias antes, endereçada a um irmão e que o *morto* evidentemente deitaria ao correio, na primeira oportunidade.

Enquanto bombeiros improvisados lhe retiravam o corpo inerte e benfeitores da Vida Maior lhe amparavam o Espírito liberto em doloroso trauma, copiei a curiosa missiva que revoava nas cinzas da tragédia, a fim de transmiti-la, com objetivos de estudo e meditação, aos companheiros do mundo.

Eis, assim, na íntegra, o valioso documento:

Meu caro Didito:

Espero que estas linhas encontrem você com saúde e paz, junto dos nossos.

Graças a Deus, estou bem. Você se afligiu à toa com a notícia de meu resfriado. Tudo não passou de um defluxo de brincadeira. Estou mais forte que a peroba do Brejo Grande, comendo por quatro caboclos na roça. Seja velho quem quiser. Com os meus 67 janeiros, não passo sem banho no rio e tutu no prato. Moro sozinho porque não nasci para confusão. Dona Belinha vem diariamente fazer-me as refeições, assear a casa e isso chega.

Sobre o caso do sonho que você teve comigo, conforme seu conselho fui à reunião espírita no sítio do Totonho. A mulher dele é médium de verdade. Há muito tempo eu não assistia a uma incorporação tão perfeita. Realmente, mãe falou por ela. Não tenho dúvida. Aquela voz boa e cansada que nós dois não esquecemos. Coitada de mãe! Está preocupada comigo, não sei por quê. Falou muito sobre a morte, coisa em que não penso. Fiz todos os exames de saúde que o médico recomendou, no mês passado, e tudo deu certo. Positivo. Por outro lado, não viajo. Por que será que a velha mostrou medo de que eu venha a bater a pacuera, de um momento para outro?

Imagine que ela abordou um segredo. Disse coisa séria quanto ao dinheiro que venho guardando para a formação do nosso lar de velhinhos, compromisso antigo. Avalie você que mãe conversou, conversou e, depois, me pediu empregar enorme importância na compra do terreno para a obra, aconselhando-me colocar a parte restante com amigos responsáveis para o custeio da construção. Considere o meu aperto. Que é que há? Não é fácil entregar assim de mão beijada quase todas as minhas economias de trinta anos. Concordo com a providência, pois temos nosso projeto e promessa há mais de vinte anos. Não negarei os cobres, mas preciso de um mês para pensar. Terrenos e amigos já estão apalavrados, desde o nosso encontro aqui, há tempos, mas dinheiro, meu caro!... Não posso aceitar o negócio, assim do pé para a mão. Você sabe que a velha sempre foi aflita. Quando queria uma coisa, queria mesmo. Tenho conservado minhas economias com cautela. Não confio em bancos e em mãos dos outros, a grana começa prometendo bons juros e depois cria pernas para correr e cair no buraco. É impossível tratar de problema assim tão grave, sem prazo para refletir. Disse mãe que já tive muito tempo para resolver, mas eu não acho. Comunico a você que não recusarei a doação; entretanto, o assunto não é sangria desatada. No mês que vem, cuidaremos de tudo.

Sem mais, venha, logo que possa, comer de nosso feijão bravo e receba um abração do mano,

FIRPO

Esta era a carta que o rico desencarnado tinha escrito e aguardava ensejo para mandar.

O Plano Espiritual lhe dera, cinco dias antes, um aviso urgente para a felicidade dele próprio. João, no entanto, exigia prazo a fim de atender. Acontece, porém, que a provação não conseguira esperar.

Um incêndio de grandes proporções no madeiramento da pequena moradia lavrara, noite alta, obrigando-o a largar o corpo sufocado sem remissão.

O dinheiro a que se referira, com tanto carinho, decerto jazeria ali, inteiramente queimado, porque metal não havia.

De interessante nos escombros, apenas a carta que nos pareceu um recado precioso, lançado pelo livro da vida, sobre um monte de pó.

~ 24 ~
O burro manco

Antes da reunião mediúnica, o problema de Espíritos e médiuns era o tema na conversação dos companheiros.

— Não compreendo — dizia a irmã Fortunata — por que os benfeitores da Vida Maior haveriam de tomar criaturas de má vida para instrumentos de suas manifestações, se a própria Doutrina Espírita é tão clara em matéria de afinidades...

— Eu também — confirmava a irmã Catarina — não entendo... — E aduzia, solene: "Lé com lé, cré com cré".

— Meus amigos — atalhava Sidônio Pires, advogado e diretor do grupo —, se o trabalho fosse confiado pelos Céus apenas aos fortes e aos sábios, que restaria aos fracos e aos ignorantes? A mediunidade não será comparável a uma riqueza de espírito que Deus distribui entre os bons e os menos bons, tendo em conta o progresso e o aperfeiçoamento de todos? Nesse sentido, é claramente compreensível que, em mediunidade, como em qualquer ramo da experiência humana, cada qual receberá pelo que faça...

— De acordo — objetou o irmão Luís de Souza —, mas o problema é muito complexo. Para ilustrar, pergunto: como acreditar que um Espírito culto venha trazer determinada mensagem por medianeiro que se expresse em língua exótica?

A irmã Leopoldina fitou o opositor, de frente, e contradisse:

— E se você fosse, por exemplo, um médico, longe de casa e incapaz de viajar, com necessidade de transmitir um recado à família, com relação a determinado enfermo? Vamos que você não encontrasse uma pessoa com os seus conhecimentos e modos e tão só dispusesse de um índio domesticado, que falasse imperfeitamente o idioma? Que faria?

— Instruiria o índio, até que ele pudesse reproduzir corretamente as minhas palavras.

— E se o caso estivesse revestido de urgência extrema? — insistiu dona Leopoldina. — Um problema de vida ou morte em criatura profundamente ligada ao seu coração?

— Escreveria um bilhete.

— Mas se não houvesse uma folha de papel ao seu dispor?

Observando que Luís de Souza começava a irritar-se, dona Catarina interferiu, conselheiral:

— Efetivamente, a questão não é simples. Que há muita coisa esquisita, em mediunidade, há mesmo. Por mais se pense no assunto, em toda parte existem problemas sem solução. Devemos estudar cada vez mais. Cá por mim, não entendo gente má, falando por Espíritos bons...

O relógio, porém, marcava o início das tarefas e a palestra foi abandonada.

No transcurso da sessão, os encargos diversos foram atendidos e, no encerramento das atividades gerais, porque o irmão Gustavo, mentor espiritual da Casa, se preparasse para as despedidas, o Dr. Sidônio, diretor da equipe, indagou se ele registrara o entrechoque de opiniões sobre médiuns e Espíritos, ali havido momentos antes, ao que o paciente orientador respondeu:

— Ouvi tudo, meus filhos.
— E pode, por favor, dar-nos o seu ponto de vista?

O guia sorriu pelo rosto do médium e considerou:
— Antes de tudo, todos estamos na escola da vida e cada qual, no setor de aprendizado em que se encontre, deve doar o máximo pelo autoburilamento. Vocês não podem perder a vocação do melhor e precisam intensificar lições e purificar ensinamentos. Aperfeiçoar tudo e elevar sempre. Quanto à prática do bem, honorifiquemos cada trabalhador na sinceridade e no proveito que demonstrem. Vocês falam em instrumentos mediúnicos deficitários, mas não ignoram que os talentos psíquicos são comuns a todos. Não seria justo que vocês, meus filhos, cada qual na pauta dos próprios recursos, tentassem oferecer alguma colaboração aos desencarnados amigos? Que pusessem de lado escrúpulos tolos e diligenciassem servir como intermediários, entre o Socorro Divino e a necessidade humana?

E ante o grupo atento, o irmão Gustavo narrou, com graça:
— Com respeito a Espíritos e médiuns, quero contar a vocês um episódio simples de minha própria experiência. Eu era médico em São Joaquim da Barra, no interior de São Paulo, quando fui chamado para assistir um doente, num sítio a 26 quilômetros. Nesse tempo, as viagens de carro eram muito raras e o animal de sela era o nosso melhor veículo. Acontece que, no terceiro dia de minha vigília profissional no referido sítio, o meu cavalo adoeceu, justamente quando recebi por mensageiro que seguia de São Joaquim para Ribeirão Preto o recado de um amigo, solicitando minha presença à cabeceira da esposa, prestes a dar à luz. Conhecia o caso e sabia que minha cliente arrostaria com embaraços que lhe poderiam ser fatais. O enfermo a que prestava concurso acusava melhoras e, por isso, afobei-me. Dei-me pressa e procurei o coronel Cândido, proprietário de excelentes animais; entretanto, o estimado amigo informou-me que só possuía cavalos árabes, de imenso valor, garanhões de fama, e

não podia concordar em colocá-los na estrada com a obrigação de suar para cavaleiros. Busquei o sitiante João Pedro, mas João Pedro alegou que apenas dispunha de mangas-largas puros, de alto preço, e não estava inclinado a prejudicá-los. Corri até à vivenda de Amaro Silva, dono de grande haras; no entanto, ainda aí, somente existiam animais nobres e selecionados, que não me podiam ajudar em coisa alguma. Fui, então, à tapera de Tonico Jenipapo, um pobre cliente nosso, expondo-lhe o meu problema. Tonico não teve dúvida. Desceu ao quintal e trouxe de lá um asno arrepiado, e apresentou: "Doutor, este burro é manco e lerdo, mas se serve...". Não houve mais conversa. Arreamos o animal e, aguentando espora e taca, tropeçando e manquitolando, o burro me colocou nas ruas de São Joaquim, para o desempenho de meu dever, a que atendi com absoluto êxito.

Depois de expressiva pausa, o guia rematou:

— Vocês estudem sempre. Passem a limpo quaisquer fenômenos e exercícios de mediunidade nos cadernos de lições da nossa renovadora Doutrina; no entanto, em matéria de serviço aos outros, respeitemos cada obreiro no lugar que lhe é próprio. Pensem nisso, porquanto, apesar da era do automóvel e do avião, em que vocês se acham, é possível surja um dia em que venham a precisar de um burro manco, capaz de ser a solução de muita necessidade e amparo de muita gente.

O mentor afastou-se e, terminada a tarefa, a equipe dispersou-se com a promessa de examinar a comunicação e debatê-la na sessão seguinte.

~ 25 ~
A cura

Encontraram-se, um dia, o Mensageiro do Evangelho e o Fornecedor de Milagres, ao pé do Homem Doente que rogava socorro, e travou-se entre eles curioso debate.

O Homem Doente – Ai de mim! A enfermidade me devora e, além disso, inteligências transviadas me atormentam a vida!... Amparai-me, por amor de Deus!...

O Mensageiro do Evangelho – Antes de tudo, tem paciência, meu filho!... Passo a passo, Jesus refará tuas forças... Não olvides que te achavas no Mundo Espiritual, antes de tua reencarnação, agoniado qual te vês, e que, por este motivo, antes da tranquilidade para o corpo, importa a segurança da alma... Sofrimento é caminho para a verdadeira restauração.

O Fornecedor de Milagres – Ninguém precisa solenizar o desequilíbrio, dar-te-ei cura rápida...

O Homem Doente – Necessito viver, trabalhar...

O Mensageiro do Evangelho – Desfrutarás os dons da existência, com alegria e respeitabilidade, agindo e elevando-te, em meio a teus próprios impedimentos. A dor ser-te-á mostra bendita e, quando se afaste de ti, deixar-te-á precioso certificado de experiência.

O Fornecedor de Milagres – Velharia!... Qualquer um pode instruir-se sem dor...

O Mensageiro do Evangelho – Unicamente quando haja construído a harmonia divina no mundo de si mesmo.

O Homem Doente – Dizei-me!... quanto tempo tenho a dispor neste corpo?

O Mensageiro do Evangelho – Nada menos de oitenta anos; entretanto, nem sempre serás doente assim... Pouco a pouco, recuperar-te-ás com o apoio do Cristo para encerrares dignamente a tua atual romagem terrestre.

O Fornecedor de Milagres – Por que não buscar a imediata libertação da dificuldade para melhor proveito do tempo?

O Mensageiro do Evangelho – O corpo é reflexo do Espírito e, muitas vezes, aquilo que interpretamos por exoneração da prova é desamparo moral.

O Homem Doente – Que fazer?

O Fornecedor de Milagres – Aceitar o prodígio que te oferto... Lógico!...

O Mensageiro do Evangelho – Que adianta restaurar brilhantemente o traje externo, sem extinguir a ferida que a roupa cobre? Ensinou-nos Jesus que "o Reino de Deus não vem com aparências exteriores"...

O Fornecedor de Milagres – Teorias!... Cada qual deve cuidar do próprio bem-estar com a ligeireza possível...

O Mensageiro do Evangelho – Só existe o bem-estar que a consciência autoriza.

O Homem Doente – Apesar dos vossos desacordos, estou enfermo e quero sarar...

O Mensageiro do Evangelho – Curar-te-ás; todavia, deves fazê-lo, com a bênção de Jesus, para sempre. A cura vem das entranhas do ser, como a árvore procede do âmago da semente...

O Fornecedor de Milagres – Lirismo de pregadores!... Garanto-te a saúde perfeita em poucas horas...

O Mensageiro do Evangelho – A saúde ilusória da carne.

O Fornecedor de Milagres – De que outra necessitará um homem no mundo?!...

O Homem Doente – Anseio por melhoras... Estou arrasado de corpo e cercado de inimigos!

O Fornecedor de Milagres – Porei teus adversários na cadeia para que te devolvam a paz...

O Mensageiro do Evangelho – Deus usa o tempo e não a violência. Inimigos, não transformados em amigos, um dia voltarão...

O Fornecedor de Milagres – Bobagem!... Por que razões estará uma pessoa condenada à presença de desafetos, quando pode arredá-los?

O Mensageiro do Evangelho – Adversários são instrutores. Habituando-nos a suportá-los na convivência, seguiremos, por fim, na estrada de luz que o Senhor nos traçou ao recomendar-nos: "amai-vos uns aos outros como eu vos amei"...

O Homem Doente – Meus padecimentos são enormes...

O Mensageiro do Evangelho – Eleva-te à cura verdadeira, aprendendo com a dor e com o trabalho a imunizar-te contra a ilusão que te faria cair em provações maiores.

O Fornecedor de Milagres – Por que não conseguirá este homem escalar o monte do próprio equilíbrio, sem aflição e enfermidade?

O Mensageiro do Evangelho – Ninguém consegue medir a própria resistência. Mutilados existem que reclamam escoras, a fim de se movimentarem... Doença e dificuldade são, algumas vezes, as muletas de que carecemos em longos períodos de reajuste.

O Fornecedor de Milagres – Não aprovo, dou vantagens imediatas.

O Homem Doente – Não me concederia Deus uma ordem direta?

O Mensageiro do Evangelho – Repito que a violência não consta da Didática Divina. Deus nos ama como Pai, considera-nos seus filhos, não escravos...

O Fornecedor de Milagres – Se tens o direito de optar, é inútil que hesites. Muito melhor que eu te liberte hoje, que persistires em sofrimento até não sei quando...

O Homem Doente – Como agir?

O Mensageiro do Evangelho – És sempre livre na escolha...

O Homem Doente aceitou, decidido, a mão que o Fornecedor de Milagres lhe estendia e, para logo, se viu restabelecido, eufórico.

Em seis meses, impressionado pelas aparências físicas dominantes, realizou matrimônio com riquíssima herdeira e senhoreou vasta fortuna com destacada posição nos galarins sociais... Entretanto, o ambiente mais elevado — clima natural e adequado para os homens de espírito sadio —, para ele, o Homem Doente da alma, se converteu em trapézio para queda infeliz.

Foi assim que, em seis meses, atingiu culminâncias; em doze, complicou-se em aventuras delituosas; em quinze, confiou-se ao abuso do álcool; em vinte, largou-se à morfina; e, passados precisamente dois anos, antes dos 36 de idade, desceu para novos precipícios de sombra, num suicídio mascarado de acidente espetacular.

~ 26 ~
Pesquisas

Os dois brasileiros, em grande cidade do Exterior, rumavam para importante instituto de pesquisas sobre as ciências do Espírito, e comentavam assuntos de mediunidade, em expressivo diálogo:

— Espero colhermos excelentes boas-novas, em matéria de sobrevivência...

— Imagine você!... o intercâmbio, entre os dois mundos, positivamente demonstrado...

— É a Terra Melhor à vista, a mensagem do Mundo Espiritual proclamada aos quatro ventos!

— Será o Evangelho de Jesus finalmente cumprido pelos homens... Com apoio na inteligência e na técnica, é impossível que as criaturas não se rendam à verdade.

— Estou realmente comovido, uma vez que vamos auscultar realizações de alta ciência.

— Ouvi dizer que os experimentos prosseguem adiantados...

— Muita coisa já feita, patenteando, de modo insofismável, a existência do Espírito.

— Observe que é isso o de que mais precisamos. Dizem os benfeitores desencarnados que as manifestações mediúnicas devem ser livres, correr como fontes, para que se evitem certas determinações do poder humano sobre os desígnios da Espiritualidade Superior, no entanto...

— Lá em nosso grupo dizem o mesmo, afirmam que o Reino de Deus será edificado sem violência, que a mediunidade em si não pode ser controlada, sem graves prejuízos, pelos recursos políticos, que os valores da Vida Maior precisam alcançar a esfera de todas as criaturas, a fim de serem passados pelo crivo de rigoroso discernimento...

— Qualquer Espírito fala à vontade, qualquer médium faz-se ouvido... Isso, sem dúvida, é tolerância, mas é qualquer coisa de bagunça também...

— Liberdade para todos os instrumentos e, com isso, o atraso das edificações corretas e duradouras...

— E o tempo lá se vai... Quem aguenta?

— Os amigos desencarnados asseveram que todos somos filhos de Deus, que necessitamos estender-nos as mãos, acolhendo as manifestações da Espiritualidade por ensinamentos de escola incessante, esquivando-nos à pressão e ao descontentamento; que, se o capricho dos homens entrar no assunto, teremos perturbações insanáveis por muitos e muitos anos... Sabe o que disse o irmão Batuíra, numa de nossas reuniões? Comparou a revelação espiritual à luz do Sol, declarou que a maioria das criaturas humanas ainda não é capaz de distribuir nem mesmo parcelas da força do grande astro, em benefício de todos, porque, se isso ocorresse, surgiriam tremendas paixões, tiranizando a vida terrestre. A inspiração do Alto deve estar no Alto, tanto quanto o Sol que nos garante a estabilidade do Alto... Compreendeu?

— Entender, entendo... Mas você não ignora... Vivemos em muita obscuridade, recolhendo interpretações mediúnicas de várias procedências. Basta que um instrumento mediúnico diga isso ou aquilo, para que outro se refira ao mesmo assunto de maneira diversa... Com a alta ciência, porém, comandando as situações, a verdade não sofrerá tantas alterações e o domínio de Jesus se estabelecerá sobre as almas... Então, com apoio nas demonstrações positivas da sobrevivência, conquistaremos, enfim, a paz na Terra e a felicidade perfeita entre as nações...

No entanto, a conversação foi interrompida, de chofre.

Os dois forasteiros chegaram ao grande instituto.

Recebidos afavelmente por um dos diretores, com quem haviam marcado encontro, passaram a admirar o instrumental eletrônico vastíssimo, destinado a observações múltiplas.

Falou-se em experimentadores antigos e modernos, em sensitivos de muitos países. Comentaram-se os fenômenos parapsíquicos, as possibilidades de comunicação com outros mundos, as ocorrências da hipnose, os poderes ocultos da mente...

A certa altura, um dos visitantes perguntou:

— Meu amigo, decerto que estamos à frente de uma nova era... Que me diz o senhor do futuro de tantas e tão maravilhosas investigações?

E o distinto pesquisador, imperturbável:

— Sim, temos urgência máxima nos resultados. As faculdades profundas da alma devem ser mobilizadas na descoberta de segredos militares, no incremento de recursos bélicos, na localização das jazidas de urânio e outros minérios importantes na economia de guerra, nas comunicações a distância...

— E de que servirão as pesquisas — insistiu o interlocutor —, na construção da paz e da fraternidade que Jesus nos ensinou?

— Bem — respondeu o autorizado informante —, isso é assunto de religião...

O brasileiro fitou o outro brasileiro e indagou:

— E agora, José?

~ 27 ~
No dia das tarefas

Quem descreveria o encanto daquele grupo de corações entusiastas na fé? O irmão Celestino edificara-o, pouco a pouco. Cinco anos consecutivos de trabalho e devotamento.

Campeão da bondade no Plano Espiritual, Celestino encontrara na médium dona Silene uma companheira de ação, extremamente dedicada ao serviço do bem. Viúva, desde muito jovem, consagrara-se ao amparo dos semelhantes e, por sua vez, granjeara em Celestino um amigo fiel. Ambos haviam levantado aquela doce equipe de obreiros da oração com inexcedível carinho. Reuniões de prece e auxílio espiritual nas noites de segundas e sextas-feiras. Consultas afetivas a Celestino e respostas abençoadas, criando esperança e reconforto. E, depois dos contatos terrestres, eis o denodado irmão a diligenciar obter, aqui e além, determinadas concessões, em benefício dos companheiros encarnados. A atenção de algum médico amigo para suprimir as enxaquecas de dona Alice; cooperação de zeladores desencarnados, em socorro dos meninos de dona Zizinha em dificuldades na escola;

apoio de benfeitores para a solução dos problemas frequentes de João Colussi, o alfaiate; vigilância de enfermeiros devotados para a filha doente de dona Cacilda, e providências outras, diferentes e múltiplas, de semana em semana, a favor do pessoal. E o pessoal do agrupamento não lhe regateava admiração:

— Espírito amigo como poucos!... — enunciava Sisenando, o contador muitas vezes por ele beneficiado.

— Devo a irmão Celestino o que jamais pagarei!... — acentuava Armando Ribeiro, o tipógrafo.

— Protetor extraordinário!... — afirmava dona Maristela, que a generosidade do amigo espiritual soerguera de fundo abatimento. — Para mim, é um pai que não posso esquecer...

— Creio que não teremos neste mundo um credor tão importante assim!... — aduzia dona Raimunda Peres, a quem o samaritano desencarnado restituíra a alegria de viver.

Em clima de trabalho incessante para Celestino, no Plano Espiritual, e de incessante louvação para ele, no conjunto humano, transcorreram sessenta meses... Por isso, na noite do quinto aniversário das reuniões, a sala de dona Silene mostrava belo aspecto festivo.

Flores, legendas, panos caprichosamente bordados, músicas para meditação...

Chegado o momento do intercâmbio espiritual, depois de preces e saudações efusivas, Celestino controlou o aparelho mediúnico e falou sensibilizado. Reportou-se aos dias do começo, aos favores obtidos do Alto, às oportunidades de trabalho, às alegrias da solidariedade, e, finalizando a preleção comovente, apelou:

— Agora, meus irmãos, estamos na época da distribuição das tarefas. Nossa Doutrina revive o ensinamento de Jesus, e o ensinamento de Jesus, acima de tudo, se baseia no serviço ao próximo. Estamos cercados de irmãos sofredores que, desde muito tempo, aspiram à comunhão conosco... Aqui, são doentes que esperam por uma frase de coragem; ali, são desesperados que suplicam o benefício de uma prece; mais além, são necessitados de recursos materiais que anseiam por migalha da cooperação que lhes podemos prestar; mais adiante, vemos crianças requisitando cuidados para não tombarem na desencarnação prematura... E a evangelização? Muita gente de todas as idades conta conosco, a fim de saber o porquê do sofrimento, das lutas domésticas, das desilusões da existência, das aparentes desigualdades da vida!... Convidamos, assim, a todos os nossos amigos aqui congregados para formarmos uma equipe de tarefeiros, com responsabilidades definidas, no serviço aos semelhantes... Cada um se encarregará de um setor de trabalho, na esfera dos recursos que lhe sejam próprios. Seremos um grupo legalmente constituído, do ponto de vista terrestre, com dirigentes e dirigidos, cada qual, porém, servindo à causa da Humanidade, em horários previamente estabelecidos. Decerto, precisaremos disciplina, porquanto as nossas obrigações serão muitas. Recém-nascidos indigentes, enfermos abandonados, obsessos, mendigos, velhinhos sem ninguém, todos os nossos irmãos ao desamparo acharão o socorro possível em nossa casa. Com o Amparo Divino, trabalharemos...

Ao término, o devotado mentor, em júbilo manifesto, marcou a semana próxima para a discriminação dos encargos com que todo o conjunto seria honrosamente distinguido, em meio a promessas comovedoras e votos brilhantes.

Sobrevindo a reunião assinalada para a distribuição de tarefas, irmão Celestino chegou entusiasmado e confiante ao templo doméstico, notando, porém, que ao lado de dona Silene, em prece, não havia ninguém.

~ 28 ~
O poder do bem

Armando Pires efetuava os últimos arranjos no carro, para conduzir seu amigo Jorge Bretas à estância de repouso que distava 40 quilômetros.

Nesse justo momento, o diálogo entre eles, em torno da Lei de Causa e Efeito, se detinha em curioso ápice.

— Mas você não acredita mesmo que a justiça possa ser modificada pela misericórdia?

— Não.

— Acaso, não admite que o destino, assim como é reparável a toda hora, é suscetível de ser renovado todos os dias?

— Não.

— Não crê que as ações do amor desfazem as cadeias do ódio?

— Não.

— Você não aceita a possibilidade de transformar os problemas de alguém que chora, dando a esse alguém uma parcela de alegria ou de esperança?

— Não.

— Não reconhece você que se um irmão em prova é intimado pelas leis do Universo ao sofrimento, para ressarcir as faltas que haja cometido em outras existências, nós, igualmente, somos levados a conhecer-lhe a dor, pelas mesmas Leis Divinas, de maneira a prestar-lhe o auxílio possível, em resgate das nossas?

— Não.

— Não tem você por certo o princípio de que o bem dissolve o mal, assim como o reequilíbrio extingue a perturbação? Não concorda que um ato nobre redundará sempre na justiça, em favor de quem o pratica?

— Não.

— Por quê?

— Porque a justiça deve ser a justiça e cada qual de nós pagará pelos próprios erros.

— Céus! Mas você não aceita a ideia de que migalhas de amor são capazes de funcionar em lugar da dor, ante os Foros Celestes, assim como as pequenas prestações, na base da equidade e da diligência, podem evitar que uma dívida venha a ser cobrada pela força de um tribunal?

— Não.

Em seguida, os dois se aboletaram no automóvel e o carro chispou.

Tarde chuvosa, cinzenta...

Alguns quilômetros, para além da arrancada, um buraco no asfalto, sobre alta rampa, e forte sacudidela agitou os viajores.

Bretas lembrou, assustado:

— Lance perigoso! Convém parar... Tapemos o buraco ou coloquemos aqui algum sinal de alarme, pelo menos alguns ramos de arvoredo que advirtam quem passe...

— Nada disso! — protestou Armando, decidido — a obrigação é da turma de conserva... Os outros motoristas que se danem. Não somos empregados de ninguém.

Atingidos o local de destino, Bretas recolheu-se ao hotel, agradecendo o obséquio, e Armando regressou pelo mesmo caminho.

Entretanto, justamente no ponto da rodovia onde o amigo desejara auxiliar outros motoristas com socorro oportuno, Pires, em grande velocidade, dentro da noite, encontrou a cova profundamente alargada pelo aguaceiro e o carro capotou, de modo espetacular, projetando-se barranco abaixo...

Depois do acidente, em companhia de alguns amigos fui visitá-lo num hospital de emergência... Achamo-lo de rosto enfaixado, sob a atenciosa assistência de abnegado ortopedista, que lhe engessava a perna esquerda em frangalhos.

Pires não falava, mas pensava... E pensava exatamente nos delicados meandros da Lei de Causa e Efeito, chegando à conclusão de que o mal não precisa ser resgatado pelo mal, onde o bem chega antes...

~ 29 ~
O devoto desiludido

O fato parece anedota, mas um amigo nos contou a pequena história que passamos para a frente, assegurando que o relato se baseia na mais viva realidade.

Hemetério Rezende era um tipo de crente esquisito, fixado à ideia de paraíso. Admitia piamente que a prece dispensava as boas obras, e que a oração ainda era o melhor meio de se forrar a qualquer esforço.

"Descansar, descansar!..." Na cabeça dele, isso era um refrão mental incessante. O cumprimento de mínimo dever lhe surgia à vista por atividade sacrificial e, nas poucas obrigações que exercia, acusava-se por penitente desventurado, a lamentar-se por bagatelas. Por isso mesmo, fantasiava o "doce fazer nada" para depois da morte do corpo físico. O Reino Celeste, a seu ver, constituir-se-ia de espetáculos fascinantes de permeio com manjares deliciosos... Fontes de leite e mel, frutos e flores, a se revelarem por milagres constantes, enxameariam aqui e ali, no éden dos justos...

Nessa expectativa, Rezende largou o corpo em idade provecta, a prelibar prazeres e mais prazeres.

Com efeito, Espírito desencarnado, logo após o grande transe foi atraído, de imediato, para uma colônia de criaturas desocupadas e gozadoras que lhe eram afins, e aí encontrou o padrão de vida com que sonhara: preguiça louvaminheira, a coroar-se de festas sem sentido e a empanturrar-se de pratos feitos.

Nada a construir, ninguém a auxiliar...

As semanas se sobrepunham às semanas, quando Rezende, que se supunha no Céu, passou a sentir-se castigado por terrível desencanto. Suspirava por renovar-se e concluía que para isso lhe seria indispensável trabalhar...

Tomado de tédio e desilusão, não achava em si mesmo senão o anseio de mudança.

Em face disso, esperou e esperou, e, quando se viu à frente de um dos comandantes do estranho burgo espiritual, arriscou, súplice:

— Meu amigo, meu amigo!... Quero agir, fazer algo, melhorar-me, esquecer-me!... Peço transformação, transformação!...

— Para onde deseja ir? — indagou o interpelado, um tanto sarcástico.

— Aspiro a servir, em favor de alguém... Nada encontro aqui para ser útil... Por piedade, deixe-me seguir para o inferno, onde espero movimentar-me e ser diferente...

Foi então que o enigmático chefe sorriu e falou, claro:

— Hemetério, você pede para descer ao inferno, mas escute, meu caro!... Sem responsabilidade, sem disciplina, sem trabalho, sem qualquer necessidade de praticar a abnegação, como vive agora, onde pensa você que já está?

~ 30 ~
No correio afetivo

Você, meu caro, assevera que se vê fatigado consigo mesmo. As imperfeições, as nossas velhas imperfeições!...
Diz você que acaba de ler um volume edificante e articula promessas de melhoria, ouve uma preleção nobre e reafirma votos de elevação... Horas depois da expectativa brilhante, ei-lo que se estira no erro ou na negação de tudo o que assegurou a si próprio em matéria de burilamento moral. Em seguida, a exagerada noção de inferioridade pessoal, as ideias de culpa e, com isso, os sofrimentos íntimos e as aflições vazias.

O tempo que poderia despender em atividades úteis se lhe foge das mãos, inaproveitado. E você pergunta o porquê de semelhante antagonismo. De um lado, a santidade do intento; de outro, a impossibilidade da execução.

Entretanto, meu amigo, esse conflito nos pertence a todos, a todos nós, os espíritos em evolução e acrisolamento no regaço maternal da Terra — desde milênios.

Contra o pingo de esforço que sustentamos a favor do autoaperfeiçoamento, surpreendemos o caudaloso rio de nossos impulsos instintivos que nos arrastam para a animalidade de que somos egressos.

A necessidade de paciência até mesmo conosco se nos patenteia, no clima da vivência comum, em qualquer parte. Paciência de repetir pequeninos gestos de tolerância e diminutas renunciações, hora por hora, dia por dia, manejando incessantemente o buril da disciplina sobre a pedra de nossas qualidades virtuais, de modo a nela esculpir a individualidade que aspiramos a ser.

Creia que isso ocorre à maioria das criaturas em estágio educativo no planeta, estejam ou não vinculadas à carteira do corpo físico. Escalamos o monte da sublimação, passo a passo, muita vez de coração agoniado e pés sangrentos.

A nosso ver, não padecem guerra íntima unicamente aqueles que se anestesiam, de maneira temporária, em superioridade falsa, acreditando-se realizados em paraísos de ilusão, copiando a convicção das crianças que se admitem habitando castelos em suas construções de papel ou de areia.

Essa terrível disparidade entre o que ainda somos e o que devemos ser é peculiar a todas as criaturas que despertam para as exigências da ascensão espiritual. O próprio Paulo de Tarso, refletindo sobre semelhante problema, declara no versículo 19 do capítulo 7, de sua *Epístola aos romanos*: "Não faço o bem que desejo; contudo, o mal que não quero, esse faço".

A propósito, no entanto, confortemo-nos com a certeza de que, apalpando as nossas chagas morais, formamos mais seguro conhecimento de nós mesmos, o que é muito importante.

Conta-se que Israel ben Eliezer, apelidado por Baal Shem Tov, nome comumente abreviado por Besht, renomado pensador judaico do século XVIII, foi procurado por certo devoto, que a ele se queixou, amargamente confessando:

— Mestre, que será de mim? Entreguei-me fervorosamente ao serviço do Senhor, por longos anos, e, depois de tanto tempo, reconheço hoje que não melhorei. Continuo a ser um homem imperfeito e ignorante...

O Besht, porém, sorriu e respondeu, compassivo:

— Se chegaste, meu filho, a compreender que és imperfeito e ignorante, isto representa, por si só, um progresso admirável.

Reflitamos, desse modo, em nossas fraquezas, sem autocondenação. Não adianta cobrir-nos de cinzas, ao verificar nossas faltas. Vale enfrentá-las e corrigi-las à custa de nossa própria retificação.

Que somos Espíritos endividados, perante as Leis Divinas, é uma realidade, e que precisamos servir ao próximo com esquecimento de nós mesmos, para dissipar as trevas do egoísmo que ainda nos envolvem a alma, é nossa obrigação. Observando, assim, com o escalpelo do raciocínio próprio, as deficiências e desequilíbrios que ainda nos pesam no ser, estamos naturalmente curando nossa multimilenária cegueira de espírito e, com isso, meu caro, já nos cabe render Graças a Deus.

~ 31 ~
Sementeira e colheita

Certo homem, enredado no vício da embriaguez, era frequentemente visitado por generoso amigo espiritual que lhe amparava a existência.

— Arrepende-te e recorre à Bondade Divina! — rogava o benfeitor quando o alcoólatra se desprendia parcialmente do campo físico, nas asas do sono. — Vale-te do tempo e não adies a própria renovação! Um corpo terrestre é ferramenta preciosa com que a alma deve servir na oficina do progresso. Não menosprezes as próprias forças!...

O infeliz acordava, impressionado. Rememorava as palavras ouvidas, tentava mentalizar a formosura do enviado sublime e, intimamente, formulava o propósito de regenerar-se.

Todavia, sobrevindo a noite, sucumbia de novo à tentação.

Embebedando-se, arrojava-se a longo período de inconsciência, tornando ao relaxamento e à preguiça.

Borracho, empenhava-se tão somente em afogar as melhores oportunidades da vida em copinho sobre copinho.

Entretanto, logo surgia alguma faixa de consciência naquela cabeça conturbada, o mensageiro requisitava-o, solícito, recomendando:

— Atende! Não fujas à responsabilidade. A passagem pela Terra é valioso recurso para a ascensão do Espírito... O tempo é um crédito de que daremos conta! Apela para a compaixão do Senhor! Modifica-te! Modifica-te!...

O mísero despertava na carne, lembrava a confortadora entrevista e dispunha-se ao reajustamento preciso; no entanto, depois de algumas horas, engodado pelos próprios desejos, caía novamente na zona escura.

Ébrio, demorava-se meses e meses na volúpia do auto-esquecimento.

Contudo, sempre aparecia um instante de lucidez em que o companheiro vigilante interferia.

Novo socorro do Céu, novas promessas de transformação e nova queda espetacular.

Anos e anos foram desfiados no milagroso novelo do tempo, quando o infortunado, de corpo gasto, se reconheceu enfermo e abatido.

A moléstia instalara-se, desapiedada, na fortaleza orgânica, inclinando-lhe os passos para o desfiladeiro da morte.

Incapaz de soerguer-se, o doente orou, modificado.

Queria viver no mundo e, para isso, faria tudo por recuperar-se.

Em breves segundos de afastamento do estragado veículo, encontrou o divino mensageiro e, ajoelhando-se, comunicou:

— Anjo abnegado, transformei-me! Sou outro homem... Estou arrependido! Reconheço meus erros e tudo farei para redimir-me... Recorro à piedade de nosso Pai Todo-Compassivo, uma vez que pretendo alcançar o futuro na feição do servidor desperto para as elevadas obrigações que a vida nos conferiu...

O protetor abraçou-o, comovidamente, e, enxugando-lhe as lágrimas, rejubilou-se, exclamando:

— Bem-aventurado sejas! Doravante, estarás liberto da perniciosa influência que até agora te obscureceu a visão. Abençoado porvir sorrirá ao teu destino. Rendamos graças a Deus!

O doente retomou o corpo, de coração aliviado, com a luz da esperança a clarear-lhe a alma.

Mas os padecimentos orgânicos recrudesciam.

A assistência médica, aliada aos melhores recursos de enfermagem, revelava insuficiência para subtrair-lhe o mal-estar.

Findos vários dias de angustiosa dor, entregou-se à prece com sentida compunção e, amparado pelo benfeitor invisível, achou-se fora da carne, em ligeiro momento de alívio.

— Anjo amigo — implorou —, acaso o Todo-Bondoso não se compadece de mim? Estou renovado!... Alterei meus rumos! Por que tamanhas provas?

O guardião afagou-o, benevolente, e esclareceu:

— Acalma-te! O sincero reconhecimento de nossas faltas é força de limitação do mal em nós e fora de nós, qual medida que circunscreve o raio de um incêndio, para extingui-lo pouco a pouco, mas não opera reviravoltas na Lei. O Amor Infinito de Deus nos descerra fulgurantes caminhos à própria elevação; todavia, a Justiça d'Ele determina venhamos a receber, invariavelmente, segundo as nossas obras. Vale-te do perdão divino que, por resposta do Senhor às tuas rogativas, é agora em tua alma anseio de reajuste e dom renovador, mas não olvides o dever de destruir os espinhos que ajuntaste. O arrependimento não cura as afecções do fígado, assim como o remorso edificante do homicida não remedeia a chaga aberta pelo golpe da lâmina insensata!... Aproveita a enfermidade que te purifica o sentimento e usa a tolerância do Céu como novo compromisso de trabalho em favor de ti mesmo!...

O doente desejou continuar ouvindo a palavra balsamizante do amigo celeste... A carne enfermiça, porém, exigia-lhe a volta.

Contudo, recompondo-se mentalmente no corpo fatigado, embora gemesse sob a flagelação regeneradora, chorava e ria, feliz.

~ 32 ~
Doentes e doenças

O respeito aos doentes é dever inatacável, mas vale descrever a ligeira experiência para a nossa própria orientação.

Penetráramos o nosocômio, acompanhando um assistente espiritual que ingressava no serviço pela primeira vez, e, por isso mesmo, era, ali, tão adventício em matéria de enfermagem, quanto eu próprio.

Atender a quatro irmãos encarnados sofredores, eis o nosso encargo inicial nas tarefas do magnetismo curativo. Designá-los-emos por números.

Em arejado aposento, abeiramo-nos deles, depois de curta oração.

O amigo de número um arfava em constrangedora dispneia, suplicando em voz baixa:

— Valei-me, Senhor!... Ai, Jesus!... ai, Jesus!... Socorrei-me! Ó Divino Salvador!... Curai-me e já não desejarei no mundo outra coisa senão servir-vos!...

O segundo implorava, sob as dores abdominais em que se contorcia:

— Ó meu Deus, meu Deus!... Tende misericórdia de mim!... Concedei-me a saúde e procurarei exclusivamente a vossa vontade...

Aproximamo-nos do terceiro, que, mal aguentando tremenda cólica renal em recidiva, tartamudeava ao impacto de pesado suor:

— Piedade, Jesus!... Salvai-me!... Tenho mulher e quatro filhos... Salvai-me e prometo ser-vos fiel até a morte!...

Por fim, clamava o de número quatro, carregando severa crise de artrite reumatoide:

— Jesus! Jesus!... Ó Divino Médico!... Atendei-me!... Amparai-me!... Dai-me a saúde, Senhor, e dar-vos-ei a vida!...

Nosso orientador enterneceu-se. Comovia-nos, deveras, ouvir tão carinhosas referências a Deus e ao Cristo, tantos apelos com inflexão de confiança e ternura.

Sensibilizados, pusemo-nos em ação.

O chefe esmerou-se.

Exímio conhecedor de ondas e fluidos, consertou vísceras aqui, sanou disfunções ali, renovou células mais além e o resultado não se fez esperar. Recuperação quase integral para todos. Entramos em prece, agradecendo ao Senhor a possibilidade de veicular-lhe as bênçãos.

No dia imediato, quando voltamos ao hospital, pela manhã, o quadro era diverso.

Melhorados com segurança, os doentes já nem se lembravam do nome de Jesus.

O enfermo de número um se reportava, exasperado, ao irmão que faltara ao compromisso de visitá-lo na véspera:

— Aquele malandro pagará!... Já estou suficientemente forte para desancá-lo... Não veio como prometeu, porque me deve dinheiro e naturalmente ficará satisfeito em saber-me esquecido e morto...

O segundo esbravejava:
— Ora essa!... Porque me vieram perguntar se eu queria orações? Já estou farto de rezar... Quero alta hoje!... Hoje mesmo!... E se a situação em casa não estiver segundo penso, vai haver barulho grosso!
O terceiro reclamava:
— Quem falou aqui em religião? Não quero saber disso.... Chamem o médico...
E gritando para a enfermeira que assomara à porta:
— Moça, se minha mulher telefonar, diga que sarei e que não estou...
O doente de número quatro vociferava para a jovem que trouxera o lanche matinal:
— Saia de minha frente com seu café requentado, antes que eu lhe dê com este bule na cara!...
Atônitos, diante da mudança havida, recorremos à prece, e o supervisor espiritual da instituição veio até nós, diligenciando consolar-nos e socorrer-nos.
Após ouvir a exposição do mentor que se responsabilizara pelas bênçãos recebidas, esclareceu, bem-humorado:
— Sim, vocês cometeram pequeno engano. Nossos irmãos ainda não se acham habilitados para o retorno à saúde, com o êxito desejável. Imprescindível baixar a taxa das melhoras efetuadas...
E, sem qualquer delonga, o superior podou energias aqui, diminuiu recursos ali, interferiu em determinados centros orgânicos mais além, e, com grande surpresa para o nosso grupo socorrista, os irmãos enfermos, com ligeiras alterações para a melhoria, foram restituídos ao estado anterior, para que não lhes viesse a ocorrer coisa pior.

33
Missiva fraterna

Meu amigo. Alega você dificuldades para prosseguir nas atividades do seu trabalho. Médium interessado em servir à Doutrina Consoladora, você começou a tarefa, tomado de amor pela Causa que hoje nos irmana, à frente do combate contra as sombras da morte.

O calor com que seu coração abraçou os compromissos assumidos encorajou companheiros abnegados, deste mundo e do outro, à colaboração no roteiro que orientadores de Mais-Alto nos traçaram ao Espírito.

Os dias correram sobre os dias.

Desdobraram-se os anos.

Tolerou você a curiosidade de investigadores agressivos e a aflição dos necessitados diferentes que lhe bateram à porta.

Entre as exigências da vida material e as requisições da Espiritualidade, compreendeu que o trabalho, por mais rude, é sua bênção, e aceitou-o, feliz. Quando você pode atender aos que lhe procuram as faculdades, é interpretado por santo; e quando não lhe é possível satisfazer as reclamações particulares, é designado por demônio orgulhoso. No íntimo, porém, você sempre reconheceu que não é anjo nem diabo. Sabe que é personalidade comum, com obrigações de enfrentar o padeiro e o farmacêutico, no fim do mês, de cédulas na mão, a fim de resgatar as próprias contas. Compelido a medicar os pulmões e os olhos, o fígado e os rins, frequentemente você está informado de que não é nenhum privilegiado da Graça Divina. Se você pular do terceiro andar de um prédio, arrebentará o crânio, na certa, e, se ingerir demasiada porção de molho apimentado ao almoço, não ignora que a cistite o visitará, sem perda de tempo.

Você sabe disso, mas quantos companheiros lhe traduziram o esforço por santidade?

Muitos vivem consertando os óculos, duas vezes por semana, mas admitem que você, materializado na crosta da Terra, em condições idênticas às deles, de conformidade com as mesmas leis, jamais experimentará modificações na máquina orgânica, não obstante os anos de serviço intensivo das possibilidades mediúnicas, colocadas na prática do bem.

Naturalmente, embrenham-se em tais concepções, por entusiasmo da fé vibrante que lhes renova o peito, mas você não é nenhum general prussiano que pretenda ocultar a enxaqueca para manter o estado de guerra na juventude.

Assumindo o serviço proporções assustadoras e ouvindo repetidas referências dos companheiros, relativamente aos deveres que lhe competem, você treme, com razão, diante das perspectivas que o trabalho desdobra.

Como enfrentar o público necessitado e exigente se suas energias reclamam refazimento? Como atender a todos, satisfazendo as múltiplas requisições da vida particular? Como pairar no plano absolutamente idealístico, se você precisa escovar os dentes, aparar as unhas e comprar comprimidos para a dor de barriga dos sobrinhos?

Sussurram-lhe aos ouvidos que você guarda responsabilidades mais vastas, que você é obrigado a revelar-se em esfera superior à de seus irmãos do caminho, que você... que mais? Há quem o procure, acreditando buscar um plenipotenciário celeste, fazendo questão de ignorar as provações benfeitoras que lhe seguem a existência tão comum como a de qualquer alma encarnada, que chora, suarenta, na Terra...

Não acredite, contudo, nas afirmativas ou nas suposições dos companheiros desprevenidos de maior entendimento. De outro modo, seria alimentar a vaidade injustificável no coração.

Você é um trabalhador tão falível quanto os demais, e, quando admitir o contrário, estará contra a Lei que nos rege os destinos.

Quem preferir a idolatria barata, cultive-a pela estrada do mundo, até que a experiência lhe esfacele os ídolos de barro.

Não se julgue detentor de responsabilidades especiais.

O dever é patrimônio comum a nós todos, porque a bênção divina não felicitou exclusivamente a sua cabeça. A obrigação de compreender a Lei do Supremo Senhor e servi-la constitui imperativo tão amplo como é infinita a dádiva da luz solar que envolve justos e injustos, gratos e ingratos.

Pense nisso e descanse o crânio atormentado. Não aceite qualquer título de orientador dos outros, quando é obrigado a fazer prodígios para não desorientar-se.

Trabalhe, sirva ao próximo, colabore na extensão do bem, quanto estiver ao alcance de seus recursos limitados, mas reerga suas forças orgânicas, melhore as suas condições físicas e não se acredite embaixador extraordinário do Cristo.

Quando o Mestre enviou os discípulos aos trabalhos terrestres, não individualizou as recomendações.

"Eis que vos mando." "Ide." Semelhantes determinações foram pronunciadas por Ele.

A construção do Reino de Deus, no aprimoramento espiritual, é obra de cada um, mas o trabalho da coletividade pertence a todos.

Não monopolize, pois, os serviços de doutrinação e fuja dos pedestais. Lembre-se de que se você furar um pântano, por despreocupação ou necessidade, chegará ao outro lado, tão imundo, como qualquer empregado municipal.

Você é humano e não deve esquecer sua condição. Trate de garantir, quanto lhe for possível, os elementos vitais do corpo de carne, sua vestimenta provisória.

Atenda ao equilíbrio, com serenidade e perseverança.

Não lhe faltarão recursos e providências às dificuldades naturais.

Quanto a mim, servo inútil embora, repetirei aos seus ouvidos aquele trecho de certa música popular brasileira: "eu vou ver o que posso fazer por você".

~ 34 ~
O anjo solitário

Enquanto o Mestre agonizava na cruz, rasgou-se o céu em Jerusalém e entidades angélicas, em grupos extensos, desceram sobre o Calvário doloroso...

Na poeira escura do chão, a maldade e a ignorância expeliam trevas demasiadamente compactas para que alguém pudesse divisar as manifestações sublimes.

Fios de claridade indefinível passaram a ligar o madeiro ao firmamento, embora a tempestade se anunciasse a distância...

O Cristo, de alma sedenta e opressa, contemplava a celeste paisagem, aureolado pela glória que lhe bafejava a fronte de herói, e os emissários do paraíso chegavam, em bandos, a entoarem cânticos de amor e reconhecimento que os tímpanos humanos jamais poderiam perceber.

Os anjos da ternura rodearam-lhe o peito ferido, como a lhe insuflarem energias novas.

Os portadores da consolação ungiram-lhe os pés sangrentos com suave bálsamo.

Os embaixadores da harmonia, sobraçando instrumentos delicados, formaram coroa viva, ao redor de sua atribulada cabeça, desferindo comovedoras melodias a se espalharem por bênçãos de perdão sobre a turba amotinada.

Os emissários da beleza teceram guirlandas de rosas e lírios sutis, adornando a cruz ingrata.

Os distribuidores da justiça, depois de lhe oscularem as mãos quase hirtas, iniciaram a catalogação dos culpados para chamá-los a esclarecimento e reajuste em tempo devido.

Os doadores de carinho, em assembleia encantadora, postaram-se à frente d'Ele e acariciavam-lhe os cabelos empastados de sangue.

Os enviados da Luz acenderam focos brilhantes nas chagas doloridas, fazendo-lhe olvidar o sofrimento.

Trabalhavam os mensageiros do Céu, em torno do sublime Condutor dos Homens, aliviando-o e exaltando-o, como a lhe prepararem o banquete da ressurreição, quando um anjo aureolado de intraduzível esplendor apareceu, solitário, descendo do império magnificente da Altura.

Não trazia seguidores e, em se abeirando do Senhor, beijou-lhe os pés, entre respeitoso e enternecido. Não se deteve na ociosa contemplação da tarefa que, naturalmente, cabia aos companheiros, mas procurou os olhos de Jesus, dentro de uma ansiedade que não se observara em nenhum dos outros.

Dir-se-ia que o novo representante do Pai Compassivo desejava conhecer a vontade do Mestre, antes de tudo. E, em êxtase, elevou-se do solo em que pousara, aos braços do madeiro afrontoso. Enlaçou o busto do inesquecível Supliciado, com inexcedível carinho, e colou, por um instante, o ouvido atento em seus lábios que balbuciavam de leve.

Jesus pronunciou algo que os demais não escutaram distintamente.

O mensageiro solitário desprendeu-se, então, do lenho duro, revelando olhos serenos e úmidos e, de imediato, desceu do monte ensolarado para as sombras que começavam a invadir Jerusalém, procurando Judas, a fim de socorrê-lo e ampará-lo.

Se os homens lhe não viram a expressão de grandeza e misericórdia, os querubins em serviço também lhe não notaram a ausência. Mas, suspenso no martírio, Jesus contemplava-o, confiante, acompanhando-lhe a excelsa missão, em silêncio.

Esse, era o Anjo Divino da caridade.

~ 35 ~
Sublime renovação

Conta-se que Tiago, filho de Alfeu, o discípulo de Jesus extremamente ligado à Lei antiga, alguns meses depois da crucificação tomou-se de profunda saudade do Redentor e, suspirando por receber-lhe a visita divina, afastou-se dos companheiros de apostolado, demandando deleitoso retiro, nas adjacências de Nazaré.

Ele, que pretendia conciliar os princípios do Cristo com os ensinamentos de Moisés, não tolerava os distúrbios da multidão.

Não seria mais justo — pensava — aguardar o Senhor na quietude do campo e na bênção da prece?

Por que misturar-se com os gentios irreverentes?

Simão e os demais cooperadores haviam permanecido em Jerusalém, confundindo-se com meretrizes e malfeitores.

Vira-lhes o sacrifício em favor dos leprosos e dos loucos, das mães desditosas e das crianças abandonadas, mas não desconhecia que, entre os sofredores que os cercavam, surgiam oportunistas e ladrões.

Conhecera, de perto, os que iam orar em nome da Boa-Nova, com o intuito de roubar e matar. Acompanhara o martírio de muitas jovens da família apostólica miseravelmente traídas por homens de má-fé que lhes sufocavam os sonhos, copiando textos do Evangelho renovador. Observara bocas numerosas glorificando o Santo Nome para, em seguida, extorquirem dinheiro dos necessitados, sem que ninguém lhes punisse a desfaçatez.

Na grande casa em que se propunha continuar a obra do Cristo, entravam alimentos condenados e pipas de vinho com que se intoxicavam doentes, tanto quanto bêbados e vagabundos que fomentavam a balbúrdia e a perturbação.

Desgostoso, queixara-se a Pedro, mas o rijo pescador que lutava na chefia do santuário nascente rogara-lhe serenidade e abnegação.

Poderia, contudo, sustentar excessos de tolerância, quando o Senhor lhes recomendara pureza? Em razão disso, crendo guardar-se isento da corrupção, abandonara a grande cidade e confinara-se em ninho agreste na deliciosa planura que se eleva acima do burgo alegre em que Jesus passou a infância.

Ali, contemplando a paisagem que se desdobra em perspectiva surpreendente, consolava-se com a visão dos lugares santos a lhe recordarem as tradições patriarcais. Diante dele destacavam-se as linhas notáveis do Carmelo, as montanhas do país de Siquém, o monte Gelboé e a figura dominante do Tabor...

Tiago, habituado ao jejum, comprazia-se em prece constante. Envergando a veste limpa, erguia-se do leito alpestre, cada dia, para meditar as revelações divinas e louvar o Celeste Orientador, aguardando-lhe a vinda.

Extasiava-se, ouvindo as aves canoras que lhe secundavam as orações, e acariciava, contente, as flores silvestres que lhe balsamizavam o calmoso refúgio.

Por mais de duzentos dias demorava-se em semelhante adoração, ansiando ouvir o Salvador, quando, em certo crepúsculo doce e longo, reparou que um ponto minúsculo crescia, em pleno céu.

De joelhos, interrompeu a oração e acompanhou a pequenina esfera luminosa, até que a viu transformada na figura de um homem, que avançava em sua direção...

Daí a minutos, mal sopitando a emotividade, reconheceu-se à frente do Mestre.

Oh! era Ele! A mesma túnica simples, os mesmos cabelos fartos a se lhe derramarem nos ombros, o mesmo semblante marcado de amor e melancolia...

Tiago esperou, mas Jesus, como se lhe não assinalasse a presença, caminhou adiante, deixando-o à retaguarda...

O discípulo solitário não suportou semelhante silêncio e, erguendo-se, presto, correu até o Divino Amigo e interpelou-o:

— Senhor, Senhor! Aonde vais?

O Messias voltou-se e respondeu, generoso:

— Devo estar ainda hoje em Jerusalém, onde os nossos companheiros necessitam de meu concurso para o trabalho...

— E eu, Mestre? — perguntou o apóstolo, aflito — acaso não precisarei de ti no carinho que te consagro à memória?

— Tiago — disse Jesus, abençoando-o com o olhar —, o soldado que se retira deliberadamente do combate não precisa do suprimento indispensável à extensão da luta... Deixei aos meus discípulos os infortunados da Terra como herança. O Evangelho é a construção sublime da alegria e do amor... E enquanto houver no mundo um só coração desfalecente, o descanso ser-me-á de todo impraticável...

— Mas, Senhor, disseste que devíamos conservar a elevação e a pureza.

— Sim — tornou o Excelso Amigo —, e não te recrimino por guardá-las. Devo apenas dizer-te que é fácil ser santo à distância dos pecadores.

— Não nos classificaste também como sendo a luz do mundo?

O Visitante Divino sorriu triste e falou:

— Entretanto, onde estará o mérito da luz que foge da sombra? Nas trevas da crueldade e da calúnia, da mistificação e da ignorância, do sofrimento e do crime, acenderemos a Glória de Deus, na exaltação do Bem Eterno.

Tiago desejaria continuar a sublime conversação, mas a voz extinguiu-se-lhe na garganta, asfixiada de lágrimas; e como quem tinha pressa de chegar ao destino, Jesus afastou-se, após afagar-lhe o rosto em pranto.

Na mesma noite, porém, o apóstolo renovado desceu para Nazaré e, durante longas horas, avançou devagar para Jerusalém, parando aqui e ali para essa ou aquela tarefa de caridade e de reconforto. E na ensolarada manhã do sétimo dia da jornada de volta, quando Simão Pedro veio à sala modesta de socorro aos enfermos encontrou Tiago, filho de Alfeu, debruçado sobre velha bacia de barro, lavando um ferido e conversando, bondoso, ao pé dos infelizes.

~ 36 ~
Parábola do Servo

Na linha divisória em que se encontram as regiões da Terra e do Céu, nobre Espírito, exibindo alva túnica, solicitava passagem, suspirando pela Divina Ascensão.

Guardava a pureza exterior de um lírio sublime, falava docemente como se harpa melodiosa lhe habitasse as entranhas e mostrava nos olhos a ansiedade e a timidez da andorinha sequiosa de primavera.

O Anjo do Pórtico ouviu-lhe o requerimento com atenção e, admirando-lhe a brancura da veste, conduziu-o à balança de precisão para observar-lhe o peso vibratório.

Contudo, o valioso instrumento foi contra ele. O clima interno do candidato não lhe correspondia à indumentária brilhante.

À frente das lágrimas tristes que lhe vertiam dos olhos, o funcionário divino exortou-o, otimista:

— Desce à Terra e planta o amor cada dia. A colheita da caridade dar-te-á íntima luz, assegurando-te a elevação.

O Espírito faminto de glória celestial renasceu entre os homens e, sempre cauteloso na própria apresentação, muniu-se de casa enorme, adquirida ao preço de inteligência e trabalho, e começou a fazer o bem por intermédio das mãos que o serviam.

Criados numerosos eram mobilizados por ele, na extensão da bondade aqui e ali...

Espalhava alimentação e agasalho, alívio e remédio, através de largas faixas de solo, explorando com felicidade os negócios materiais que lhe garantiam preciosa receita.

Depois de quase um século, tornou à justiceira aduana.

Trazia a roupa mais alva, mais linda.

Ansiava subir às esferas superiores, mas, ajustado à balança, com tristeza verificou que o peso não se alterara.

O anjo abraçou-o e explicou:

— Pelo teu louvável comportamento, junto às posses humanas, conquistaste a posição de provedor e, por isso, a tua forma é hoje mais bela; no entanto, para que adquiras o clima necessário à vida no Céu, é indispensável regresses ao mundo, nele plantando as bênçãos do amor.

O Espírito, embora desencantado, voltou ao círculo terreno. Todavia, preocupado com a opinião dos contemporâneos, fez-se hábil político, estendendo o bem, por todos os canais e recursos ao seu alcance.

Movimentou verbas imensas construindo estradas e escolas, estimulando artes e indústrias, ajudando a milhares de pessoas necessitadas.

Quase um século se esgotou sobre as novas atividades, quando a morte o reconduziu à conhecida fronteira.

Trazia ele uma túnica de beleza admirável, mas, levado a exame, a mesma balança revelou-se desfavorável.

O fiscal amigo endereçou-lhe um olhar de simpatia e disse, bondoso:

— Trouxeste agora o título de administrador e, em razão disso, a tua fronte aureolou-se de vigorosa imponência... Para que ascendas, porém é imprescindível retornes à carne para a lavoura do amor.

Não obstante torturado, o amigo do Céu reencarnou no plano físico, e, fundamente interessado em preservar-se, ajuntou milhões de moedas para fazer o bem. Extensamente rico de cabedais transitórios, assalariou empregados diversos que o representavam junto dos infelizes, distribuindo a mancheias socorro e consolação.

Abençoado de muitos, após quase um século de trabalho voltou à larga barreira.

O aferidor saudou-lhe a presença venerável, porque da roupagem augusta surgiam novas cintilações.

Apesar de tudo, ainda aí, depois de longa perquirição, os resultados lhe foram adversos.

Não conseguira as condições necessárias ao santo cometimento.

Debulhado em lágrimas, ouviu o abnegado companheiro, que informou prestimoso:

— Adquiriste o galardão de benfeitor, que te assegura a insígnia dos grandes trabalhadores da Terra, mas, para que te eleves ao Céu, é imperioso voltes ao plano carnal e semeies o amor.

Banhado em pranto, o aspirante à Morada Divina ressurgiu no corpo denso, e, despreocupado de qualquer proteção a si mesmo, colocou as próprias mãos no serviço aos semelhantes... Capaz de possuir, renunciou às vantagens da posse; induzido a guardar consigo as rédeas do poder, preferiu a obediência para ser útil, e, embora muita vez bafejado pela fortuna, dela se desprendeu em benefício dos outros, sem atrelá-la aos anseios do coração... Exemplificou o bem puro, sossegou aflições e lavou chagas atrozes... Entrou em contato com os seres mais infelizes da Terra. Iluminou caminhos obscuros, levantou caídos da estrada, curvou-se sobre o mal, socorrendo-lhe as vítimas, em nome da virtude... Paralisou os impulsos do crime, apagando as discórdias e dissipando as trevas... Mas a calúnia cobriu-o de pó e cinza, e a perversidade, investindo contra ele, rasgou-lhe a carne com o estilete da ingratidão.

Depois de muito tempo, ei-lo de volta ao sítio divino.

Não passava, porém, de miserável mendigo, a encharcar-se de lodo e sangue, amargura e desilusão.

— Ai de mim! — soluçou junto ao vigilante da Grande Porta — se de outras vezes, envergando veste nobre não consegui favorável resposta ao meu sonho, que será de mim, agora, coberto de barro vil?

O guarda afagou-o, enternecido, e conduziu-o à sondagem habitual.

Entretanto, oh! surpresa maravilhosa!...

A velha balança, movimentando o fiel com brandura, revelou-lhe a sublime leveza.

Extático, em riso e pranto, o recém-chegado da esfera humana sentiu-se tomado nos braços pelo anjo amigo, que lhe dizia, feliz:

— Bem-aventurado sejas tu, meu irmão! Conquistaste o título de servo. Podes agora atravessar o limite, demandando a Vida Superior.

Imundo e cambaleante, o interpelado caminhou para a frente, mas, atingindo o preciso lugar em que começava a claridade celeste, desapareceu a lama que o recobria, desagradável, e caíram-lhe da epiderme equimosada as pústulas dolorosas... Como por encanto, surgiu vestido numa túnica de estrelas e, obedecendo ao apelo íntimo, elevou-se à glória do firmamento, coroado de luz.

~ 37 ~
A lenda da guerra

Quando o primeiro pastor de almas se elevou da Terra, no carro da morte, o Senhor esperou-o no Trono de Justiça e Misericórdia, de modo a ouvir-lhe o relatório alusivo às ovelhas do mundo.

Nos céus, aves felizes entoavam cânticos à paz, enquanto serafins tangiam harmoniosas cítaras ao longe...

Tudo era esperança e júbilo no paraíso; no entanto, o pastor, que fora também no planeta terrestre o primeiro homem bom, trazia consigo dolorosa expressão de amargura. Os cabelos brancos caíam-lhe em desalinho, seus pés e mãos tinham marcas sangrentas e de seus olhos fluíam lágrimas abundantes.

O Todo-Poderoso recebeu-o, surpreendido.

O ancião inclinou-se, reverente; saudou-o, respeitoso, e manteve-se em profundo silêncio.

As interrogações paternais, todavia, explodiram afetuosas.

Como seguia o rebanho da Terra? Observa-se o regulamento da Natureza? Atendia-se ao caminho traçado? Havia suficiente respeito na vida de todos? Bastante compreensão no serviço individual? — Conforme o desdobramento dos negócios terrestres, abriria novos horizontes ao progresso dos homens. O dever bem vivido conferiria mais extenso direito às criaturas.

O velhinho, contudo, ouvia e chorava.

Mais austeramente inquirido, respondeu, soluçando:

— Ai de mim, Senhor! As ovelhas que me confiastes, segundo me parece, trazem corações de animais cruéis. A maioria tem gestos de lobos, algumas revelam a dureza do tigre e outras a peçonha de víboras ingratas...

— Oh!... Oh!...

Gritos de admiração partiam de todos os lados.

De fisionomia severa, embora serena, o Senhor perguntou:

— Não têm as ovelhas a dádiva do corpo para o sublime aprendizado na escola terrestre?

— Sim — suspirou o ancião —, mas desprezam-no e insultam-no, todos os dias, através do relaxamento e da viciação.

— Não possuem a casa, o ninho doce que lhes dei?

— Mas fazem do campo doméstico verdadeiro reduto de hostilidades cordiais, no qual se combatem mutuamente, à distância do entendimento e do perdão.

— Não guardam a bênção do parentesco entre si?

— Transformam os elos consanguíneos em teias grossas de egoísmo, dentro das quais se encarceram.

— E os filhinhos? Não conservam o sorriso das crianças?

— Convertem as ovelhinhas em pequenos demônios de vaidade, que perturbam todo o rebanho no curso do tempo.

— A pátria? Não lhes concedi o grande lar para a expansão coletiva?

— Cristalizam a ideia de pátria em absurdo propósito de dominação, espalhando em seu nome a miséria e a morte.

— E o amor? Determinei que o amor lhes constituísse sagrada lâmpada no caminho da vida...

— Perfeitamente — prosseguiu o pastor, desalentado —; entretanto, o amor para eles representa máquina de gozar na esfera física; quando levemente contrariados em seus jogos de ilusão, odeiam e ferem...

— A verdade? — tornou o Senhor, compassivo.

— Somente acreditam nela e aceitam-na, se os seus interesses imediatos, mesmo quando criminosos, não são prejudicados.

— E não te ouvem os ensinos, inspirados por meu coração?

O velhinho sorriu pela primeira vez, em meio a infinita amargura a lhe transparecer do rosto, e acentuou:

— De modo algum. Recebem-me com indisfarçável sarcasmo. Preferem aprender em queda espetacular no despenhadeiro, que ouvir minha voz.

— Mas não combinam entre si, quanto aos interesses de todos?

— Não. Muita vez se mordem uns aos outros.

— Não estabelecem acordos pacíficos com os vizinhos?

— Intensificam as discórdias, atiram pedras ao próximo e o crime costuma ser o juiz de suas disputas.

— Todavia — continuou o Misericordioso —, e a Natureza que os cerca? Porventura, não lhes falam ao coração a claridade do sol, a bênção do ar, a bondade da água, a carícia do vento, a cooperação dos animais, a proteção do arvoredo, o perfume das flores, a sabedoria da semente e a dádiva dos frutos?!...

— Infelizmente — esclareceu o ancião —, vagueiam como cegos e surdos, ante o concerto harmonioso de vossas graças, e oprimem a Natureza simbolizando gênios do mal, destruidores e despóticos.

— E a morte? — indagou o Altíssimo. — Não temem a justiça do fim?

— Parecem ignorá-la; peregrinam na crosta do planeta como duendes loucos, embriagados de ilusão, indiferentes ao vosso amor, endurecidos para com a vossa orientação, despreocupados de vossa justiça...

Nesse momento, o Senhor Todo-Poderoso mostrou-se igualmente entristecido. Após meditar alguns minutos, falou ao pastor em pranto:

— Não chores, nem te desesperes. Volta à Terra e retoma o teu trabalho. Outros companheiros contribuirão em teu ministério, encaminhando, corrigindo, refazendo e amando em meu nome... Alguém, contudo, estará presente no mundo, colaborando contigo e com os demais para que as minhas ovelhas infelizes compreendam a estrada do aprisco pela dor.

Em seguida, cumprindo ordens divinas, alguns anjos desceram aos infernos e libertaram perigoso monstro sem olhos e sem ouvidos, mas com milhões de garras e bocas.

Foi então que, desde esse dia, o monstro cego e surdo da guerra acompanha os pastores do bem, a fim de exterminar, em tormentas de suor e lágrimas, tudo o que, na Terra, constitua obra de vaidade e orgulho, egoísmo e tirania dos homens, contrários aos sublimes desígnios de Deus.

~ 38 ~
A arte de elevar-se

Delfim Mendes era estudante aplicado na escola do Espiritismo cristão, sempre atencioso nas discussões filosóficas, a cujo brilho emprestava diligente cooperação; entretanto, fugindo aos testemunhos pessoais no trabalho renovador, vivia em regime de perenes reclamações. Interpretava os ricos por gênios malditos do desregramento e os pobres por fantasmas do desespero.

A cada passo, asseverava sob escura revolta:

— A Terra é um despenhadeiro de sombras sem-fim... Como nos livraremos deste horrível sorvedouro?

Tanto se habituou às queixas infindáveis que, certa noite, quando Fabiano, o Espírito diretor da reunião que frequentava, expunha conclusões evangélicas de alto sentido, desfechou-lhe vasta dose de extemporâneas indagações:

— Benfeitor amado, como conquistar o desligamento do purgatório do mundo? Por todos os lugares da Terra, vejo a maldade dominante. Nas pessoas inteligentes, identifico a crueldade deliberada; nas pessoas incultas, reparo a preguiça sistemática.

De todos os ângulos da existência, no plano selvagem em que nos encarnamos, surgem aguilhões...

E, quase lacrimejante, rematava:

— Que fazer para fugir desta moradia tenebrosa da expiação?

O Espírito amigo escutou, benevolente, e quando o silêncio voltou a pesar na assembleia, comentou, bondoso:

— Um homem trabalhador, depois da morte, em razão de certo relaxamento espiritual, foi colhido pelas redes de Satanás e desceu aos infernos, ralado de espanto e dor. Lá dentro, passou a ver as figuras monstruosas que povoavam o abismo e, por muitos dias consecutivos, gemeu nos tanques móveis de lava comburente. Acostumado, porém, ao esforço ativo, pouco a pouco se esqueceu dos poços vulcânicos que o cercavam e sentiu fome de trabalho benéfico. Arrastou-se, dificilmente, para fora da cratera em que jazia atolado até a cintura e, depois de perambular pelas margens, à maneira dum réptil, encontrou um diabo menor, com o braço desconjuntado, e deu-se pressa em socorrê-lo. Esforçou-se, ganhou posição sobre uma trípode, que se destinava ao arquivo de velhas tridentes esfogueadas, e agiu, tecnicamente, restituindo-lhe o equilíbrio. O perseguidor, algo comovido, incumbiu-se de melhorar-lhe a ficha. Daí a momentos, uma sereia perversa passou, exibindo defeituosa túnica, como quem se dirigia a zonas festivas. O prestimoso internado pediu permissão para ajudá-la, afirmando haver trabalhado num instituto de beleza terrestre, e tantos laçarotes lhe aplicou à vestimenta que a criatura diabólica se afastou, reconhecida. Continuando a arrastar-se, encontrou um grupo de condenados a cavar profunda cisterna, e, conhecedor que era do problema, forneceu-lhes valiosas instruções. Encorajado pelos elogios de todos, seguiu caminho para diante, no pavoroso domínio de que era prisioneiro, encontrando um gigante do mal, caído por terra, a vomitar lodo e sangue, depois de conflito feroz com poderoso inimigo, mais vigoroso em brutalidade. O dedicado colaborador do bem apiedou-se dele e guardou-lhe a horrenda cabeça entre as mãos. Como não possuísse adequado material de socorro, soprou-lhe ao coração, com o desejo ardente de infundir-lhe novo ânimo e, com efeito, o gênio maléfico despertou, sensibilizado, e contemplou-o com o enternecimento que lhe era possível. A fama do piedoso sentenciado espalhou-se e um dos grandes representantes de Satanás chegou a solicitar-lhe os serviços num caso melindroso, em que se fazia imperiosa a colaboração de uma pessoa competente, humilde e discreta. Com tamanho acerto agiu o encarcerado que a direção do abismo conferiu-lhe o direito da palavra. E o trabalhador, lembrando o ensinamento do Mestre que determina seja dado a César o que é de César e a Deus o que é de Deus, não afiançou, de público, que os demônios deviam ser multiplicados, mas começou a dizer que os gênios das sombras eram grandes senhores, naturalmente por Vontade do Eterno, e que deviam ser respeitados em seus tronos de borralho luminescente, acrescentando, mais, que tanto quanto o buril que aperfeiçoa a pedra é honrado pelo ingrato labor que desempenha, assim também os diabos deviam ser reverenciados por benfeitores das almas, lapidando-as para a Espiritualidade Superior. Multiplicando pregações de amor, obediência e esperança, fez-se querido de todo o povo das trevas, imperando nas almas das vítimas e dos verdugos. Desde então, com assombro comum, o padrão de sofrimento no inferno começou a baixar. As almas atormentadas adquiriam vasta paciência, as imprecações e blasfêmias foram atenuadas, os gemidos quase desapareceram e os próprios algozes multisseculares se comoviam, inesperadamente, aos primeiros vagidos da piedade que lhes nascia no peito. Alterou-se a situação de tal maneira que Satanás, em pessoa, veio observar a mudança e, depois de informado quanto aos estranhos acontecimentos, ordenou que o trabalhador fosse expulso. Naturalmente aquele homem estaria no inferno, em razão de algum equívoco, e a permanência dele, no trevoso país de que era soberano, perturbava-lhe os projetos.

Desse momento em diante, o servidor do trabalho digno fez-se livre, colocando-se na direção do Reino da Paz...

Nesse ponto, o guia espiritual interrompeu a narrativa e, talvez porque Delfim Mendes o contemplasse, expectante, riu-se, bondoso, e concluiu:

— Você, Delfim, sente-se na Terra como se estivesse no inferno. Pense, fale e procure agir, como se fosse no Céu, e o próprio mundo restituirá você ao paraíso, compreende?

O irrequieto companheiro enterrou a cabeça nas mãos alongadas, mas não respondeu.

~ 39 ~
O conquistador invencível

Sem nos referirmos aos guerreiros e tiranos do Nilo e do Eufrates, outros grandes conquistadores haviam passado, antes dele...

Cambises, rei dos persas, à feição de louco, após assassinar o irmão e a esposa, dominou o Egito, incendiando lares, destruindo santuários, trucidando mulheres e crianças, acabando a existência vitimado pela própria agressividade.

Alexandre Magno, rei da Macedônia, alçado à História por valoroso comandante da civilização, impôs-se aos trácios, aos gregos, aos ilírios, aos sírios, aos judeus, aos egípcios, aos persas, marcando a sua passagem com os sinais da humilhação e da morte, e, ainda moço, veio a perecer, melancolicamente, de febre, na Babilônia.

Aníbal, o chefe cartaginês, em seu ódio a Roma, senhoreou terras e populações da Espanha e da Itália, espalhando maldição e miséria, aflições e ruínas, envenenando-se, mais tarde, na Bitínia, para não entregar aos inimigos a própria cabeça.

Cipião, o famoso general romano, submeteu a África, emoldurando a sua carreira com o pavor e o sangue dos vencidos, sucumbindo, depois, no exílio da Campânia, entre desesperos e amarguras.

Todos passaram, empertigados nos seus carros triunfais, com luzidas armaduras e gritos selvagens de dominação, temidos e odiados, para descerem dos pináculos de triunfo aos vales escuros de cinza e esquecimento.
Ele, porém, chega e fica.
Seu berço é a manjedoura singela que uma estrela assinala.
Não traz carruagens de ouro, nem se serve com baixelas de prata.
Não tem exércitos, nem palácios.
Não possui legionários, nem escravos.
Não dispõe de alianças com os poderosos da Terra, nem conta com o apoio de juízes do mundo.

Ergue, porém, diante de todos, o coração inflamado de amor e chama a si os fracos e os tristes, os pobres e os desamparados, os vencidos e os doentes, os velhos e as crianças...

Descortina à inteligência do povo a visão do Reino da Luz, cujas portas devem ser descerradas com as chaves da bondade e do trabalho, do entendimento e do perdão...

Caminha para diante, ajudando e servindo, e para que o ódio e a crueldade, a ignorância e a violência não se entronizem nas almas, submete-se, Ele mesmo, ao sacrifício na cruz, legando à Humanidade a revelação da vida eterna sobre o túmulo vazio.

Reaviva-se a fé, amplia-se a esperança e a caridade brilha, imorredoura...

Desde então, o poder do invencível conquistador cresce com os dias...

E sempre que o mundo recorda o Rei Divino, descido do trono celestial às palhas da manjedoura, o pensamento humano, por suas forças mais representativas, associa-se aos cânticos das milícias celestiais e acrescenta, deslumbrado:

— Glória a ti, ó Cristo! A esperança da Terra te saúda e glorifica para sempre!...

~ 40 ~
Por quê, Senhor?

...E Nicodemos, o grande Nicodemos dos dias primeiros do Evangelho, passou a contar-nos:

— Depois da aparição do Senhor aos Quinhentos da Galileia, certo dia, ao entardecer, detive-me à beira do lago de suas pregações, rogando a Ele me dissipasse as dúvidas. Ante os ensinamentos divinos, eu experimentava o entrechoque em torno das ideias de justiça e misericórdia, responsabilidade e perdão... De que maneira conciliar o bem e o mal? Como estabelecer a diferença entre o prêmio e o castigo? Atormentado, perante as exigências da Lei de que eu era intérprete, supliquei-lhe a palavra e eis que, de súbito, o Excelso Benfeitor apareceu junto de mim... Prostrei-me na areia e Jesus, aproximando-se, tocou-me, de leve, a cabeça fatigada, e inquiriu:

— Nicodemos, que pretendes de mim?

— Senhor — expliquei —, tenho o pensamento em fogo, tentando discernir sobre retidão e delinquência, bondade e correção... Por que te banqueteaste com pecadores e tanta vez te referiste, quase rudemente, aos fariseus, leais seguidores de Moisés?

Acaso, estão certas as pessoas de vida impura, e erradas aquelas outras que se mostram fiéis à Lei?

Jesus respondeu com inflexão de brandura inesquecível:

— Nunca disse que os pecadores estão no caminho justo, mas afirmei que não vim ao mundo socorrer os sãos, e sim os enfermos. Quanto aos princípios de santidade, que dizer dos bons que detestam os maus, dos felizes que desprezam os infelizes, se todos somos filhos de Deus? De que serve o tesouro enterrado ou o livro escondido no deserto?

— Messias — prosseguiu —, por que dispensaste tanta atenção a Zaqueu, o rico, a ponto de lhe compartilhares a mesa, sem visitar os lares pobres que lhe circundam a moradia?

— Estive com a multidão, desde as notícias iniciais do Novo Reino!... Relativamente a Zaqueu, é ele um rico que desejava instruir-se, e furtar a lição, àqueles amigos a quem o mundo apelida de avaros, é o mesmo que recusar remédio ao doente...

— E as meretrizes, Senhor? Por que as defendeste?

— Nicodemos, na hora do Juízo Divino, muitas dessas mesmas desventuradas mulheres, que censuras, ressurgirão do lodo da angústia, limpas e brilhantes, lavadas pelo pranto e pelo suor que derramaram, enquanto aparecerão pejados de sombra e lama aqueles que lhes prostituíram a existência, depois de lhes abusarem da confiança, lançando-as à condenação e à enfermidade.

— Senhor, ouvi dizer que deste a Pedro o papel de condutor dos teus discípulos... Por quê? Não é ele o colaborador que te negou três vezes?!...

— Exatamente por isso... Na dor do remorso pelas próprias fraquezas, Simão ganhará mais força para ser fiel... Mais que os outros companheiros, ele sabe agora quanto custa o sofrimento da deserção...

— Mestre, e os ladrões do último dia? Por que te deixaste imolar entre dois malfeitores? E por que asseguraste a um deles o ingresso no paraíso, junto de ti?

— Como podes julgar apressadamente a tragédia de criaturas cuja história não conheces desde o princípio? Não acoberto os que praticam o mal; no entanto, é preciso saber até que ponto terá alguém resistido à tentação e ao infortúnio para que se lhe meça o tamanho da falta... Há famintos que se transformam em vítimas do próprio desequilíbrio e há empreiteiros da fome que responderão pela crueldade com que sonegam o pão... Com referência ao amigo a quem prometi a entrada imediata na Vida Superior, é verdade que assim o fiz, mas não disse para quê... Ele realmente foi conduzido ao Mundo Maior para ser reeducado e atendido em suas necessidades de erguimento e transformação!...

— Senhor — insisti —, e a responsabilidade com que nos cabe tratar da justiça? Por que pediste perdão ao Todo-Poderoso para os próprios carrascos, quando dependurado na cruz do martírio, inocentando os que te espancavam?

— Não anulei a responsabilidade em tempo algum... Roguei, algemado à cruz: "Pai, perdoa-lhes porque não sabem o que fazem...". Com isso, não asseverei que os nossos adversários gratuitos estivessem fazendo o que deviam fazer... Esclareci, tão só, que eles não sabiam o que estavam fazendo e, por isso mesmo, se revelavam dignos da maior compaixão!...

—Ante as palavras do Senhor — concluiu o antigo mestre de Israel —, as lágrimas me subiram das entranhas da alma para os olhos... Nada mais vi que não fosse o véu diáfano do pranto, a refletir as sombras que anunciavam a noite... Ainda assim, ouvi, como se o Senhor me falasse longe, muito de longe:

— Misericórdia quero, não sacrifício...

Nesse ponto da narrativa, Nicodemos calou-se. A emoção sufocara a voz do grande instrutor, cuja presença nos honrava a mansão espiritual. E, quanto a nós, velhos julgadores do mundo, que o ouvíramos atentos, entramos todos em meditação e silêncio, uma vez que ninguém apareceu em nossa tertúlia íntima com bastante disposição para acrescentar palavra.

Índice geral[1]

Alma missionária
    diálogo entre o Anjo bom e – 13

Amor
    força do – 2
    transformação de aversão em – 2

Ananias, publicano
    sede do Reino de Deus e – 19
    Simão Pedro e – 19

Anastácio, doutrinador
    Silvério, Espírito comunicante, e – 17

Aníbal, chefe cartaginês
    suicídio de – 39

Anjo bom
    diálogo entre alma missionária e – 13

Anjo da Caridade
    Jesus na cruz e – 34
    socorro e amparo a Judas e – 34

Arrependimento
    cura das afecções do fígado e – 31
    triste história de rapaz desencarnado e – 20

Ascensão espiritual
    despertamento para as exigências da – 30

Batuíra, irmão
    revelação espiritual, luz do Sol e – 26

Belinha, D.
    serviçal de João Firpo – 23

Bem
    adesão dos primeiros homens ao * eterno 18

Biologia Molecular
    descobertas da – 3

Bretas, Jorge
    Armando Pires e – 28

---

[1] N.E.: Remete ao número do capítulo.

Índice geral

Lei de Causa e Efeito e – 28

Cambises, rei dos persas
    domínio do Egito e – 39

Camerino, Sr.
    esposo de Sinésia Camerino, D. – 14

Camerino, Sinésia, D.
    Aurelino Piva, guia de – 14
    esposa de Camerino, Sr. – 14

Caridade
    parábola do servo e – 36

Catarina, irmã
    amiga de Fortunata, irmã – *24*

Celestino, irmão
    Armando Ribeiro, tipógrafo, e – 27
    enxaquecas de Alice, D., e – 27
    diretor de grupo mediúnico – 27
    filha doente de Cacilda, D., e – 27
    formação de equipe de
        tarefeiros e – 27
    problemas frequentes de
        João Colussi e – 27
    Raimunda Peres e – 27
    Silene, médium, e – 27
    Sisenando, contador, e – 27
    socorro aos meninos de
        Zizinha, D., e – 27

Cemitério
    Espíritos benfeitores e – 2
    obsessores e – 2

Ciência
    problemas da Humanidade e – 3

Ciências do Espírito
    construção da paz e da
        fraternidade e – 26
    controle da mediunidade e – 26

descobertas de segredos
    militares e – 26
Evangelho de Jesus e – 26
incremento de recursos bélicos e – 26
existência do Espírito e – 26
instituto de pesquisas sobre as – 26
instrumentação eletrônica e – 26
localização das jazidas de
    urânio e – 26
mediunidade e – 26

Cipião, general romano
    morte no exílio da Campânia e – 39

Clinton
    amigo do jornalista desencarnado – 1

Grandes conquistadores
    Alexandre Magno, rei da
        Macedônia – 39
    Aníbal, chefe cartaginês – *39*
    Cambises, rei dos persas – 39
    Cipião, general romano – 39
    Jesus, do trono celestial às palhas
        da manjedoura – 39
    Jesus, o Rei Divino – 39

Criança
    lenda da – 18
    tesouro de vida e renovação – 18

Cura
    origem da – 25

Doente
    apelos a Deus e a Jesus e – 32
    esquecimento do nome
        de Jesus e – 32
    habilitação para retorno
        à saúde e – 32
    respeito ao – 32

Dulce, D.
    Cecília, amiga de – 10

Índice geral

Dionísio, gatinho angorá de – 10
Júlio, esposo de – 10
Lequinha, vizinha de – 10

Egoísmo
dissipação das trevas do – 30
primeiros homens na Terra e – 18

Eliezer, Israel bem, pensador judaico
Baal Shem Tov e – 30
reflexão sem autocondenação – 30

Eliúde, publicano
sede do Reino de Deus e – 19
Simão Pedro e – 19

Enfermidade
purificação do sentimento e – 31

Espiritismo
bênçãos do * e necessidade
de divulgação – 1

Espírito angélico
"Anjo da Estrada" e – 8
eremita, mediunidade e – 8

Espírito missionário
internação num campo de
tratamento e – 2

Espírito revoltado
azedume crônico e – 9
dons da vida e – 9

Espírito vampirizador
Marilyn Monroe e – 1

Evangelho
ciências do Espírito e * de Jesus – 26
construção sublime da alegria
e do amor – 34
importância do * na seara
espírita – 22

malfeitor e palavra do – 16
sementeira e colheita do – 6

Fé
salvação pela – 22

Ferreira, Teodomiro
ideais religiosos e – 3

Firpo, João, desencarnado
aviso do Plano Espiritual e – 23
Belinha, D., e – 23
carta de – 23
lar de velhinhos e – 23
recado precioso e – 23

Fornecedor de Milagres
debate entre Mensageiro do
Evangelho e – 25

Fortunata, irmã
Catarina, amiga de – 24
Doutrina Espírita, afinidades e – 24

Gustavo, mentor espiritual
Amaro Silva e – 24
Cândido, coronel, e – 24
caso do burro manco e – 24
episódio de própria
experiência e – 24
instrumento mediúnico
deficitário e – 24
João Pedro e – 24
Tonico Jenipapo e – 24

História de rapaz desencarnado
arrependimento e – 20
assassinato da própria mãe e – 20
remorso e – 20
suicídio e – 20
vítima do copo e – 20

Homem Doente
Fornecedor de Milagres e – 25

Índice geral

Mensageiro do Evangelho e – 25
rogativa de socorro e – 25
suicídio e – 25

Humanidade
ação dos vampirizadores da – 17
Jesus, Modelo da – 22

Irmão X
auxílio a grupo familiar e – 15
Clinton, amigo de – *1*
entrevista com Marilyn
  Monroe, Espírito, e – 1
história da carochinha e – 2
influência de Jesus no mundo e – 22
lenda antiga e – 8
magnetismo curativo e – 32
Memoriam Park Cemetery e – 1
Saturnino, amigo de – 15
socorro a um moço obsesso e – 16
triste história de rapaz
  desencarnado – 20

Jeroboão, filho de Acaz
Jesus no lar de – *19*

Jesus
aparição de * aos Quinhentos
  da Galileia – 40
cura dos sãos e – 19
defesa das meretrizes e – 40
entidades angélicas e * na cruz – 34
espíritas desencarnados e
  encarnados e – 22
excelsa missão do anjo da
  caridade e – 34
Excelso Benfeitor – 40
imolação de * entre dois
  malfeitores – 40
instrutor da Espiritualidade
  e definições de – 22
Irmão X e influência de *
  no mundo – 22

Jeroboão, filho de Acaz, e – 19
Modelo da Humanidade – 22
Nicodemos e – 40
perdão para os próprios
  carrascos e – 40
promessa de ingresso de malfeitor
  no paraíso e – 40
remorso de Simão Pedro e – 40
Zaqueu, o rico, e – 40

Jovem suicida
amigos desencarnados e – 2
dignidade feminina e – 2
dores físicas e morais e – 2
entrevista com – 2
Espíritos missionários e – 2
fé religiosa e – 2
fenômeno de repercussão e – 2
ingestão de formicida e – 2
materialização da forma
  espiritual e – 2
morte do corpo e – 2
planos para o futuro e – 2
recurso tardio da oração e – 2
remorso e – 2
visão do próprio enterro e – 2

Judas
anjo da caridade e – 34

Júlio, suicida
esposo de Dulce, D. – 10
morte de – 10

Justiça
preceitos de * e engano
  recíproco – 18

Justiça Divina
exame de malfeitor e – 7
fronteiras dos Céus e – 7

Kotchana, João
lenda dos Espíritos revoltados e – 9

Índice geral

Lar
　responsabilidade e – 1

Lei de Causa e Efeito
　Armando Pires e – 28
　Jorge Bretas e – 28
　meandros da – 28

Lei de Misericórdia e Justiça
　alternativas da – 4

Lei Divina
　reconhecimento das faltas e
　　reviravoltas na – 31

Lenda da criança
　concessão de tesouro de vida
　　e renovação e – 18
　livre-arbítrio e – 18
　primeiros homens na Terra e – 18

Lenda da guerra
　ovelhas do Senhor e – 37
　pastor de almas e – 37
　vaidade, orgulho, egoísmo,
　　tirania e – 37

Leopoldina, irmã
　Luís de Souza e contraposição de – 24

Lequinha, D.
　imaginação de – 10
　vizinha de Dulce, D. – 10

Liberdade
　comprometimento às
　　bases da vida e – 1
　senso de administração e – 1
　sexo e – 1

Libertação espiritual
　serviço ao próximo e – 8

Livre-arbítrio
　lenda da criança e – 18

Magno, Alexandre, rei
　da Macedônia
　valoroso comandante da
　　civilização e – 39

Materialismo
　amparo às viúvas e órfãos e – 21
　apoio aos caídos e – 21
　auxílio aos filhos abandonados e – 21
　auxílio no soerguimento moral e – 21
　consolo do pranto dos
　　perseguidos e – 21
　doentes da alma arrebatados
　　da loucura e – 21
　escuridão do – 6
　força aos pais incompreendidos
　　e – 21
　imunização dos tristes contra
　　o suicídio e – 21
　inexpugnabilidade do – 21
　infelizes reanimados e – 21
　malfeitores regenerados e – 21
　médiuns fraudulentos e – 21
　mulheres arrancadas do
　　desequilíbrio e – 21
　perdão aos caluniados e – 21
　sustentação aos prejudicados
　　pela selvageria social e – 21
　tolerância aos acusados
　　injustamente e – 21
　tranquilização aos deserdados
　　do berço e – 21
　vítimas restituídas à paz
　　do coração e – 21

Médium
　analogia entre a lâmpada e – *17*
　caso do burro manco e – 24
　dificuldade para conservar
　　o * em ação – 17
　embaixador extraordinário
　　do Cristo e – 33

esquecimento de si mesmo
   e * espírita – 5
fuga dos pedestais e – 33
idolatria barata e – 33
inventário das críticas e – 5
lenda antiga e – 8
materialismo e * fraudulento – 21
privilegiado da Graça Divina e – 33
provações benfeitoras e – 33
refazimento das energias físicas e – 33
responsabilidades especiais e – 33
requisições da vida particular e – 33
santo, demônio orgulhoso e – 33

Mediunidade
   controle da – 26
   eremita, Espírito angélico e – 8
   instituto de pesquisas sobre as
      ciências do Espírito e – 26
   instrumentação eletrônica e – 26
   libertação espiritual e – 8
   Luís de Souza e – 24
   riqueza de espírito e – 24
   sábios e factícias ocorrências da – 21
   Sidônio Pires, advogado, e – 24

Memoriam Park Cemetery
   visita de jornalista
      desencarnado ao – 1
   Wilshire Boulevard e – 1

Mendes, Delfim
   arte de elevar-se e – 38
   estudante na escola do
      Espiritismo Cristão e – 38
   Fabiano, guia espiritual, e – 38
   maldade dominante na Terra e – 38
   reclamações de – 38

Menezes, Adolfo Bezerra de, Dr.
   amigo materialista e – 21
   inexpugnabilidade do
      materialismo e – 21

Mensageiro da Esfera Superior
   missão educadora e
      reconfortativa e – 6
   misticismo primitivista e – 6
   paixão pela fortuna terrestre e – 6
   preconceito de raça e – 6
   sementeira e colheita do
      Evangelho e – 6
   vaidosos das letras e – 6

Mensageiro da estrada
   eremita e – 8

Mensageiro do Céu
   convite à prática evangélica e – 7
   convite ao malfeitor e – 7
   extensão de socorro urgente – 7
   materialização do – 7

Mensageiro do Evangelho
   debate entre o Fornecedor
      de Milagres e – 25
   sofrimento e – 25

Moabe, publicano
   sede do Reino de Deus e – 19
   Simão Pedro e – 19

Monroe, Marilyn, Espírito,
   estrela do cinema
   desencarnação de * e processo
      obsessivo – 1
   entrevista com jornalista
      desencarnado e – 1
   espetáculos de grande moral e – 1
   Espíritos vampirizadores e – 1
   obsessão e – 1
   obtenção da liberdade e – 1
   planos para o futuro e – 1
   suicídio indireto e – 1
   visita de reconforto e
      reminiscência e – 1

Índice geral

Morte
    lucidez após a * do corpo – 2

Mota, Alcides
    diálogo entre Aristeu Soares e – 11
    reunião mediúnica e – 11
    valor da polícia e da imunização e – 11

Nicodemos
    aparição de Jesus aos Quinhentos da Galileia e – 40

Nogueira, Alberto, médium
    desagravo à própria consciência e – 15
    esquecimento das necessidades e – 15
    medo de trabalhar e – 15
    súplica de * antes do renascimento – 15

Nonato, Joaquim
    cadáver disforme de – 12
    folha de anotações de – 12

Noronha
    frequentador da Casa Espírita – 16
    malfeitor na residência de – 16
    preleção evangélica e – 16

Obsessão
    flagelo pior que o câncer – 1

Oração
    indução à – 1
    recurso tardio da – 2

Ozias, Zoar ben, rabi israelita
    Parábola dos Talentos e – 4

Ozônio
    ruturas na camada de – 3

Parábola do servo
    colheita da caridade e – 36
    glória celestial e – 36
    miserável mendigo e – 36
    peso vibratório e – 36
    plantio da bênção do amor e – 36
    túnica de estrelas e – 36

Parábola dos Talentos
    primeiro servo e – 4
    segundo servo e – 4
    terceiro servo e – 4
    Zoar ben Ozias, rabi israelita, e – 4

Paulo de Tarso
    bem, mal e – 30

Paz
    concessão da * e invenção da guerra – 18
    monumentos erguidos à – 1

Pedro, Simão
    Ananias, publicano, e – 19
    Eliúde, publicano, e – 19
    Moabe, publicano, e – 19
    portador do Bem eterno e – 19
    Zacarias, publicano, e – 19

Piedade
    preleção evangélica e indução à – 16

Pires, Armando
    Jorge Bretas e – 28
    Lei de Causa e Efeito e – 28

Pires, Sidônio, advogado
    diretor de grupo espírita – 24
    Gustavo, mentor espiritual, e – 24
    mediunidade e – 24

Piva, Aurelino
    guia comum de Sinésia Camerino – 14

Popularidade
    espetáculos de grandeza moral e – 1

Índice geral

Preleção evangélica
   indução à piedade e – 16

Reencarnação
   trabalho para o bem e – 1

Reino de Deus
   edificação do * sem violência – 26

Religião do passado
   freios psicológicos e – 11

Remorso
   jovem suicida e – 2
   prevenção da chagas abertas e – 31
   Simão Pedro e – 40
   triste história de rapaz desencarnado e – 20

Responsabilidade
   lar e – 1

Rezende, Hemetério
   anseio do Reino Celeste e – 29
   colônia de desocupados e gozadores e – 29
   descanso depois da morte do corpo físico e – 29
   inferno e – 29

Saturnino
   Jornalista desencarnado, amigo de – 15

Sexo
   liberdade e – 1
   manifestação do amor criativo e – 1

Silva
   frequentador da Casa Espírita – 16
   preleção evangélica e – 16

Silvério, Espírito comunicante
   Anastácio, doutrinador, e – 17

Soares, Aristeu
   diálogo entre Alcides Mota e – 11
   discursos de corrigenda ou reprovação e – 11
   freios psicológicos e – 11
   reunião mediúnica e – 11

Sofrimento
   caminho para a verdadeira restauração – 25
   reparação de faltas cometidas e – 28

Sol
   revelação espiritual e luz do – 26

Souza, Luís de
   contraposição de Leopoldina, irmã, e – 24
   mensagem de Espírito culto e – 24

Sublimação
   escalada do monte da – 30

Suicídio
   corte de justiça e – 2
   falta grave e – 2
   malfeitores desencarnados e – 1
   Marilyn Monroe e * indireto – 1
   materialismo e imunização contra o – 21
   pílulas mensageiras do sono e – 1

Teles, Cássio
   conceitos de Ciência pura e – 3

Tempo
   crédito de que daremos conta – 31

Terra
   base de ascensão para planos superiores – 18

Terra, Anísio, amigo espiritual
   jornalista desencarnado e – 16

Índice geral

Tiago, filho de Alfeu
    anseio pela visita de Jesus e – 35
    distúrbios da multidão,
        corrupção, retiro e – 35
    jejum e – 35
    santidade longe dos pecadores e – 35
    tarefa de caridade e * renovado – 35

Vale de suicidas
    triste história de rapaz
        desencarnado e – 20

Vício
    resvalamento para os
        despenhadeiros do – 18

Wilshire Boulevard
    Memoriam Park Cemetery e – 1

Zacarias, publicano
    sede do Reino de Deus e – 19

Simão Pedro e – 19
    Zaqueu, o rico

Jesus e – 40

ESTANTE DA VIDA				
EDIÇÃO	IMPRESSÃO	ANO	TIRAGEM	FORMATO
1	1	1969	5.000	13x18
2	1	1970	5.000	13x18
3	1	1974	10.200	13x18
4	1	1983	10.200	13x18
5	1	1987	20.000	13x18
6	1	1994	15.000	13x18
7	1	2005	500	12,5x17,5
8	1	2005	500	12,5x17,5
9	1	2006	1.000	12,5x17,5
10	1	2009	3.000	14x21
10	2	2010	2.000	14x21
10	3	2013	2.000	14x21
10	4	2014	1.000	14x21
10	5	2015	1.000	14x21
10	6	2015	800	14x21
10	7	2017	1.500	14x21
10	8	2018	500	14x21
10	9	2018	1.000	14x21
10	POD*	2021	POD	14x21
10	IPT**	2022	IPT	14x21
10	IPT	2023	200	14x21
10	IPT	2025	300	14x21

*Impressão por demanda
**Impressão pequenas tiragens

O LIVRO ESPÍRITA

Cada livro edificante é porta libertadora.

O livro espírita, entretanto, emancipa a alma nos fundamentos da vida.

O livro científico livra da incultura; o livro espírita livra da crueldade, para que os louros intelectuais não se desregrem na delinquência.

O livro filosófico livra do preconceito; o livro espírita livra da divagação delirante, a fim de que a elucidação não se converta em palavras inúteis.

O livro piedoso livra do desespero; o livro espírita livra da superstição, para que a fé não se abastarde em fanatismo.

O livro jurídico livra da injustiça; o livro espírita livra da parcialidade, a fim de que o direito não se faça instrumento da opressão.

O livro técnico livra da insipiência; o livro espírita livra da vaidade, para que a especialização não seja manejada em prejuízo dos outros.

O livro de agricultura livra do primitivismo; o livro espírita livra da ambição desvairada, a fim de que o trabalho da gleba não se envileça.

O livro de regras sociais livra da rudeza de trato; o livro espírita livra da irresponsabilidade que, muitas vezes, transfigura o lar em atormentado reduto de sofrimento.

O livro de consolo livra da aflição; o livro espírita livra do êxtase inerte, para que o reconforto não se acomode em preguiça.

O livro de informações livra do atraso; o livro espírita livra do tempo perdido, a fim de que a hora vazia não nos arraste à queda em dívidas escabrosas.

Amparemos o livro respeitável, que é luz de hoje; no entanto, auxiliemos e divulguemos, quanto nos seja possível, o livro espírita, que é luz de hoje, amanhã e sempre.

O livro nobre livra da ignorância, mas o livro espírita livra da ignorância e livra do mal.

Emmanuel[1]

---

1 Página recebida pelo médium Francisco Cândido Xavier, em reunião pública da Comunhão Espírita Cristã, na noite de 25/2/1963, em Uberaba (MG), e transcrita em *Reformador*, abr. 1963, p. 9.

O EVANGELHO NO LAR

Quando o ensinamento do Mestre vibra entre quatro paredes de um templo doméstico, os pequeninos sacrifícios tecem a felicidade comum.[1]

Quando entendemos a importância do estudo do Evangelho de Jesus, como diretriz ao aprimoramento moral, compreendemos que o primeiro local para esse estudo e vivência de seus ensinos é o próprio lar.

É no reduto doméstico, assim como fazia Jesus, no lar que o acolhia, a casa de Pedro, que as primeiras lições do Evangelho devem ser lidas, sentidas e vivenciadas.

O espírita compreende que sua missão no mundo principia no reduto doméstico, em sua casa, por meio do estudo do Evangelho de Jesus no Lar.

Então, como fazer?

Converse com todos que residem com você sobre a importância desse estudo, para que, em família, possam compreender melhor os ensinamentos cristãos, a partir de um momento de união fraterna, que se desenvolverá de maneira harmônica e respeitosa. Explique que as reflexões conjuntas acerca do Evangelho permitirão manter o ambiente da casa espiritualmente saneado, por meio de sentimentos e pensamentos elevados, favorecendo a presença e a influência de Mensageiros do Bem; explique, também, que esse momento facilitará, em sua residência, a recepção do amparo espiritual, já que auxilia na manutenção de elevado padrão vibratório no ambiente e em cada um que ali vive.

Convide sua família, quem mora com você, para participar. Se mora sozinho, defina para você esse momento precioso de estudo e reflexões. Lembre-se de que, espiritualmente, sempre estamos acompanhados.

Escolha, na semana, um dia e horário em que todos possam estar presentes.

O tempo médio para a realização do Evangelho no Lar costuma ser de trinta minutos.

---

[1] XAVIER, Francisco Cândido. *Luz no lar*. Por Espíritos diversos. 12. ed., 7. imp. Brasília: FEB, 2018. Cap. 1.

As crianças são bem-vindas e, se houver visitantes em casa, eles também podem ser convidados a participar. Se não forem espíritas, apenas explique a eles a finalidade e importância daquele momento.

O seguinte roteiro pode ser utilizado como sugestão:

1. Preparação: Leitura de mensagem breve, sem comentários;
2. Início: Prece simples e espontânea;
3. Leitura: *O evangelho segundo o espiritismo* (um ou dois itens, por estudo, desde o prefácio);
4. Comentários: breves, com a participação dos presentes, evidenciando o ensino moral aplicado às situações do dia a dia;
5. Vibrações: pela fraternidade, paz e pelo equilíbrio entre os povos; pelos governantes; pela vivência do Evangelho de Jesus em todos os lares; pelo próprio lar...
6. Pedidos: por amigos, parentes, pessoas que estão necessitando de ajuda...
7. Encerramento: prece simples, sincera, agradecendo a Deus, a Jesus, aos amigos espirituais.

As seguintes obras podem ser utilizadas nesse momento tão especial:

- *O evangelho segundo o espiritismo*, como obra básica;
- *Caminho, verdade e vida; Pão nosso; Vinha de luz; Fonte viva; Agenda cristã.*

Esse momento no lar não se trata de reunião mediúnica e, portanto, qualquer ideia advinda pela via da intuição deve permanecer como comentário geral, a ser dito de maneira simples, no momento oportuno.

No estudo do Evangelho de Jesus no Lar, a fé e a perseverança são diretrizes ao aprimoramento moral de todos os envolvidos.

FEB editora
Livro espírita para um novo mundo
www.febeditora.com.br
@febeditoraoficial
@febeditora

Conselho Editorial:
Carlos Roberto Campetti
Cirne Ferreira de Araújo
Evandro Noleto Bezerra
Geraldo Campetti Sobrinho – Coord. Editorial
Jorge Godinho Barreto Nery – Presidente
Maria de Lourdes Pereira de Oliveira
Miriam Lúcia Herrera Masotti Dusi

Produção Editorial:
Elizabete de Jesus Moreira

Revisão:
Elizabete de Jesus Moreira
Renata Alvetti

Capa, Projeto Gráfico e Diagramação:
Ingrid Saori Furuta

Foto de Capa:
humonia | istockphoto.com

Normalização Técnica:
Biblioteca de Obras Raras e Documentos Patrimoniais do Livro

Esta edição foi impressa no sistema de Impressão pequenas tiragens, em formato fechado de 140x210 mm e com mancha de 104x168 mm. Os papéis utilizados foram o Off white 80 g/m² para o miolo e o Cartão 250 g/m² para a capa. O texto principal foi composto em fonte Adobe Garamond Pro 12/14,4 e os títulos em Adobe Garamond Pro Italic 28/26. Impresso no Brasil. *Presita en Brazilo.*